Elogios para *El precio del racismo*

"Con un ritmo y un lenguaje agudos, el autor expone las maneras en que el racismo lo ha infectado todo, desde los sindicatos laborales y la asistencia social, hasta la educación y la reforma migratoria [...]. La potencia del argumento de Porter está impulsada por su impresionante bibliografía y una prosa directa. *El precio del racismo* es un trabajo digno de nuestros tiempos, escrito por un autor que ha encontrado su tema ideal".
—Colleen Mondor, *Booklist*

"Un alarmante e incisivo estudio de cómo el racismo ha contribuido al declive económico y social de los Estados Unidos en el siglo XXI [...]. La convincente presentación de Porter consigue que la cuestión de la animadversión racial sea relevante para todos los estadounidenses. Los lectores progresistas estarán de acuerdo con este análisis social".
—*Publishers Weekly*

"[Porter] delinea claramente una variedad de problemas a los que los estadounidenses se enfrentan, que exacerban las divisiones y dañan a todos [...]. De manera clara entreteje una narrativa que expone una de las ideas clave del libro: los Estados Unidos carecen de una red de asistencia social [...]. Otra sólida adición a la creciente y necesaria literatura acerca de uno de los problemas más grandes de los Estados Unidos".
—*Kirkus Reviews*

"Un análisis brillante sobre el papel central que ha jugado la hostilidad racial en la historia de los Estados Unidos y en la formación de las instituciones que han arrebatado a los estadounidenses las promesas de su democracia".
—Clara Rodríguez, autora de *Changing Race*

"Hay muchos problemas que los estadounidenses niegan, ignoran, o achacan a otros, y el racismo es el primero en la lista. Este libro confronta la realidad de que el racismo continúa interfiriendo con las soluciones más obvias a muchos de nuestros problemas nacionales".

—Naomi Oreskes, autora de *Why Trust Science?*

"Si buscas una discusión de altura sobre el ascenso de Trump en los Estados Unidos, *El precio del racismo* es una lectura obligatoria. Arropando sus lúcidos argumentos en contextos históricos y en diferentes contextos culturales, y apoyado en las investigaciones más relevantes de las ciencias sociales, Eduardo Porter nos muestra cómo la hostilidad racial nace de (y puede ser detenida por) los cambios en la situación social, económica, y política del país. ¡Este libro te abrirá los ojos!".

—William Julius Wilson, autor de *When Work Disappears*

"Con valor y claridad, Eduardo Porter revela los fundamentos de la cuestión racial en los Estados Unidos y los obstáculos a los que hay que sobreponerse para cerrar las brechas creadas por demagogos como Trump. Explica que encontrar una identidad nacional y cultural común requerirá hacerle frente a la profundamente arraigada lógica tribal con la que Estados Unidos ha organizado su mundo. Poderoso, aleccionador e imprescindible".

—Robert B. Reich, autor de *The Common Good*

EDUARDO PORTER

El precio del racismo

Eduardo Porter nació en Phoenix y creció entre los Estados Unidos, México y Bélgica. Es reportero de economía para la sección de negocios del *New York Times*, de cuyo comité editorial fue miembro del 2007 al 2012, y columnista del 2012 al 2018. Porter comenzó su carrera en el periodismo como reportero de finanzas para la agencia de noticias Notimex en México. Fue corresponsal en Tokio y Londres antes de mudarse a São Paulo, Brasil, en 1996 como editor de la revista de negocios *AméricaEconomía*. En el 2000 trabajó para *The Wall Street Journal*, cubriendo el crecimiento de la población hispana en Los Ángeles. Porter es autor de *The Price of Everything* (2011), publicado en español como *Todo tiene un precio* (2012), una exploración de los análisis de costo-beneficio que influyen en el comportamiento de las personas y las instituciones. Vive en Brooklyn, Nueva York.

El precio del racismo

El precio del racismo

La hostilidad racial y la fractura del "sueño americano"

EDUARDO PORTER

Traducción de Hugo López Araiza Bravo

VINTAGE ESPAÑOL
Una división de Penguin Random House LLC
Nueva York

Índice

1. Veneno racial 9
2. Bienestar para los blancos 35
3. De la seguridad social a la cárcel 69
4. Los negros y los latinos 97
5. El padecer de los blancos 125
6. Desgarrándonos 155
7. El futuro 183

Reconocimientos 213

1

Veneno racial

A principios del verano de 2015 no habría podido imaginar que el tema migratorio tuviera el poder de llevar a alguien a la Casa Blanca. Según la encuestadora Gallup, sólo 7% de los estadounidenses creía que la inmigración era el desafío más crítico del país, tres de cada cuatro la veían como algo bueno, y sólo un tercio opinaba que deberíamos admitir menos migrantes. Ésta era la menor proporción con esa opinión desde los años sesenta y la mitad de lo que fue a mediados de los noventa, cuando el gobernador de California, Pete Wilson, basó su campaña de reelección en el miedo a una supuesta invasión de indocumentados.

A fin de cuentas, la inmigración ilegal estaba bastante contenida. En 2015 había 1.2 millones de inmigrantes sin autorización menos de los que había en 2007, cuando la implosión de la burbuja inmobiliaria aniquiló los trabajos en construcción de los que muchos dependían. La economía crecía rápidamente tras haber sudado sangre para salir de la gran recesión, el desempleo caía en picada y reducía la posible competencia laboral entre trabajadores inmigrantes y nacionales.

Y entonces Donald Trump decide lanzarse como candidato a la presidencia. Jura proteger a la patria de los "violadores y matones" que entran a raudales desde México. Promete construir un muro que selle de una vez por todas la porosa frontera sur. De pronto, el miedo a los inmigrantes en el subconsciente estadounidense lo catapultó a la presidencia. Tal vez cambie al país para siempre.

Hay un parque público a unas cuadras de donde mi hijo Mateo iba a la escuela. Como buen parque de Brooklyn, lleva el nombre de uno de los Beastie Boys: Adam Yauch. Ahí, unos días después de las elecciones aparecieron pintas en los juegos: esvásticas y la porra "Vamos, Trump".

Soy hijo de madre mexicana y padre blanco nacido en Chicago. Me formé principalmente en México y me considero tan mexicano como estadounidense. En casa procuro hablar español, con la esperanza de que Mateo se identifique también con su parte mexicana. Al día siguiente de las elecciones, estábamos en el metro cuando me dijo en susurros: "Papá, a lo mejor ya no deberíamos hablar español en público".

Este momento en la historia de Estados Unidos se podría leer como una aberración provocada por un empresario y aventurero político particularmente racista, o explicarse como el producto de unas circunstancias económicas específicas. Ya conocen el argumento: los votantes de clase obrera, frustrados por décadas de estancamiento salarial, se volvieron contra la clase cosmopolita que ignoró sus problemas demasiado tiempo.

Hay algo de verdad en eso. Muchos de los votantes de Trump acabaron perdiendo con las transformaciones económicas que ha vivido el país. Trump ganó entre los votantes blancos sin licenciatura por un margen de 39 puntos porcentuales sobre Hillary Clinton. Los 2 584 condados que el hoy presidente ganó en 2016 generaban tan sólo 36% del producto interno bruto (PIB), según la investigación de Mak Muro y Sifan Liu, del Programa de Políticas Metropolitanas del Brookings Institution. Esos condados conforman la mayoría del Estados Unidos rural: son pueblos chicos, despoblados, envejecidos y en aparente estado terminal. En cambio, los 472 condados que votaron por Hillary Clinton representaban 64% de la producción económica nacional. Este patrón asimétrico cuadra con la idea de que ese "nosotros" a quien abandonó el progreso votó para sacar del poder a los beneficiarios arrogantes de la prosperidad del país.

Pero ésa no es, ni de lejos, toda la verdad. Sería un error histórico pasar por alto el papel crítico y definitorio de la xenofobia en la elección de los estadounidenses. No fue nada raro ni una falla en el sistema. La mezcla de desdén y resentimiento manifiesto a través de las fronteras religiosas, raciales, étnicas y de ciudadanía que permitieron a Trump seducir a 63 millones de votantes ha distorsionado la política de este país desde su nacimiento. Y hoy define lo que somos.

Podemos llamarlo hostilidad racial o simplemente racismo. Desde nuestro pasado esclavista hasta la Guerra Civil y lo que vino después, como la segregación *de jure* de Jim Crow[1] del sur y la segregación *de facto* en el norte urbano, el impuesto al sufragio para evitar el voto de los negros, las campañas contra el supuesto fraude de estos votantes diseñadas para excluirlos del padrón, las "fronteras étnicas" —para usar un eufemismo— han condicionado los giros en el desarrollo del Estado. Se han interpuesto en la confianza social, han bloqueado la solidaridad y definitivamente nos han empobrecido. Sobre esas injusticias hemos construido un país excepcional, en el que la riqueza extrema coexiste cómodamente con carencias que no caben en el mundo industrializado.

La elección de Trump puso las barreras étnicas de Estados Unidos bajo el fulgor implacable de los reflectores, pero las preguntas incómodas planteadas por un presidente que compara a los migrantes con violadores que vienen por nuestras mujeres, que prohíbe a los musulmanes entrar al país, que respalda a los supremacistas blancos que marchan con antorchas, prestos para el saludo nazi, han estado largo tiempo al acecho en el profundo entramado de la política estadounidense.

La imagen misma de Estados Unidos como crisol —forjada por intelectuales como Ralph Waldo Emerson y Henry James para evocar una cultura excepcional construida sobre la multiplicidad de experiencias de inmigrantes amalgamadas en una identidad estadounidense nacional— fue, en última instancia, un concepto muy estrecho. Tal vez Emerson soñara con un Estados Unidos "asilo de todas

[1] Las leyes Jim Crow empezaron a ser promulgadas principalmente en los estados del sur, unos 17 años después de la Guerra de Secesión. Bajo el lema "separados pero iguales", mantenían la segregación racial en las instalaciones públicas y su efecto se extendía a casi todos los ámbitos de la vida de los afroamericanos y otros grupos étnicos no blancos como desventajas legales y políticas, económicas, educativas y sociales. [N. del T.]

las naciones", en el que africanos, polinesios y gente de origen diverso contribuyeran a crear una nueva raza, una nueva religión y una nueva literatura que reemplazara el viejo paradigma eurocéntrico. En los hechos, sin embargo, el crisol sólo acogió a los estadounidenses de origen europeo.

La expresión "crisol de culturas" entró al habla vernácula del país por una obra de Israel Zangwill, *El crisol*, estrenada el 5 de octubre de 1908 en el teatro Columbia de Washington, D. C. Es una versión de *Romeo y Julieta* en la que, al llegar a Nueva York, dos inmigrantes rusos, él judío y ella cristiana, superan el abismo histórico y cultural entre ellos. "Alemanes y franceses, irlandeses e ingleses, judíos y rusos, ¡todos al crisol! —proclama el personaje principal, David Quixano—. Dios está creando al estadounidense." Se dice que en la premier el presidente Theodore Roosevelt, a quien Zangwill dedicó la pieza, la ovacionó gritando: "¡Qué gran obra!"

Las comunidades nativas de lo que era Estados Unidos antes de que llegaran los europeos no fueron invitadas al crisol. Tampoco los descendientes de los esclavos africanos ni los mexicanos católicos y morenos, a quienes, 70 años antes de la obra de Zangwill, Estados Unidos les había quitado lo que hoy es un tercio de su territorio. En esta aleación ciertamente tampoco había cabida para los inmigrantes chinos; la Ley de Exclusión China les prohibía la ciudadanía. En 1924, 16 años después del estreno de *El crisol*, el Congreso aprobó restricciones a la inmigración desde Asia, África y Latinoamérica, que seguirían vigentes hasta 1965.

Durante el último medio siglo, esos pueblos dispares antes excluidos acabaron por definir al estadounidense *de facto*. Como respuesta, los de origen europeo, que durante años se fueron amalgamando en el concepto contemporáneo del blanco no hispano, se deshicieron de la metáfora del crisol para reemplazarla con otro principio rector: a cada quien lo suyo.

Durante años habían cerrado filas con la esperanza de impedir que los no blancos obtuvieran los beneficios de la ciudadanía. Cuando la Ley de Derechos Civiles clausuró esa posibilidad, se dispusieron a sabotear el proyecto colectivo del país. Donald Trump tan sólo es un paso natural en ese proceso.

Uno de los rasgos más notorios de la victoria del presidente Trump fue su blancura. Ganó con el voto de los blancos. El de los hombres, con 62% contra 32% que obtuvo Clinton. También el de las mujeres, de 47 contra 45%. Venció a la primera mujer candidata presidencial de un partido importante en la historia de Estados Unidos. Abrió una nueva brecha en la política nacional, una división entre la cultura prácticamente blanca y homogénea del pueblo chico estadounidense en lento y continuo proceso de declive económico, y la complicada mezcla de los grandes centros urbanos del país.

La escisión urbano-rural no es más que una vieja herida en un sitio nuevo. En 2016 los blancos rurales votaron en masa para preservar todos los privilegios que pudieran a pesar de su estancamiento demográfico. Su voto fue una extensión de su largo esfuerzo, compartido con los blancos urbanos, por acaparar todos los beneficios que Estados Unidos ofrece.

Pensemos en la Decimocuarta Enmienda, ratificada en 1868 y aún vigente. Es la que declara que la gente nacida en Estados Unidos es automáticamente ciudadana y acreedora a la totalidad de los derechos constitucionales. También es la que el presidente Trump quiere derogar. Surgida 11 años después del infame fallo de la Suprema Corte en *Dred Scott vs. Sandford*, que negaba la ciudadanía a los afroamericanos, libres o esclavos, la enmienda no mencionaba la raza, pero, en palabras del historiador Eric Foner, "desafió la discriminación racial en todo el país y amplió el significado de la libertad para todos los estadounidenses". En cuanto pasó, esa herramienta para la protección de la igualdad de derechos civiles se intentó desplegar al servicio particular de… los carniceros.

Los carniceros de Nueva Orleans no lograron convencer a la Suprema Corte de que la regulación de mataderos en Luisiana limitaba inconstitucionalmente sus privilegios ciudadanos. De todos modos, ese ridículo despliegue de una enmienda diseñada para proteger a los afroamericanos de que les arrebataran sus derechos fue sólo el inicio de una tendencia, pues el fallo de la Suprema Corte sobre los mataderos limitó aún más los derechos de los negros. Decretó que la Decimocuarta Enmienda sólo cubría un estrecho conjunto de derechos federales de ciudadanía, como el *habeas corpus*. Todo lo demás recaía en la jurisdicción estatal.

Al día de hoy, esa enmienda se ha usado para limitar los derechos de los descendientes de los 4 millones de personas liberadas de la esclavitud con la misma frecuencia que para proteger su lugar como estadounidenses.

En los *Casos de los Mataderos*, el juez Samuel F. Miller quiso recordarle a todo mundo el propósito de las tres enmiendas —XIII, XIV y XV—, que abolieron la esclavitud, garantizaron la ciudadanía por nacimiento y aseguraron el derecho al voto de todo ciudadano sin importar su raza. "El propósito común a todas, que está en la base de cada una, y sin el cual ninguna habría sido sugerida siquiera", escribió Miller, fue "la libertad de la raza esclavizada, la seguridad y el establecimiento firme de esa libertad, y la protección del hombre libre y ciudadano recién creado, liberado de la opresión de quienes antes habían ejercido un dominio ilimitado sobre él".

Pocos lo escucharon. De vez en cuando, la Corte ha desplegado estas enmiendas para cumplir esas metas. El caso más notable fue el fallo, en 1954, de *Brown vs. Junta de Educación de Topeka*, que declaró ilegal la segregación escolar. Pero la Decimocuarta resultó incapaz de prevenir incluso la discriminación racial más descarada. Tan sólo 30 años después de su aprobación, la Suprema Corte decidió que la doctrina Jim Crow de "separados pero iguales" que apuntalaba la segregación racial en el sur no limitaba los derechos ciudadanos de los afroamericanos. Su infame fallo en el caso *Plessy vs. Ferguson*, de 1896, argumentaba que, de hecho, confinar a los negros en vagones separados no les atribuía ninguna inferioridad racial. Los blancos también debían quedarse del lado blanco de la raya. La ley de separación aplicaba a ambas razas por igual.

En su fallo de 1978 para Regentes en el caso de la *Universidad de California vs. Bakke*, la Corte destruyó la idea de que la acción afirmativa tenía como objetivo darles un pequeño empujón a los estudiantes de minorías oprimidas, pues declaró que privaba a un postulante blanco a la escuela de medicina de los derechos que le otorgaba la Enmienda XIV. En 2018 un grupo conservador lanzó una demanda colectiva contra la Universidad de Harvard, con el argumento de que sus esfuerzos por inscribir a estudiantes negros y latinos violaban los derechos a esa misma enmienda de los postulantes asiáticos.

Harvard señaló que, si llegara a eliminar toda consideración de raza y otras variables, su proporción de afroamericanos en el primer año bajaría de 14 a 5%, y la de hispanos, de 14 al 9 por ciento.

"La Suprema Corte parece estar de nuevo lista para desviar la Decimocuarta Enmienda de su propósito original de proteger de la discriminación a los afroamericanos y a la gente de color que estuvo mucho tiempo excluida de los *colleges*, las universidades y otras oportunidades a causa de su raza y etnia, y de darle las mismas oportunidades", escribió el profesor Theodore M. Shaw de la Escuela de Leyes en Chapell Hill de la Universidad de Carolina del Norte. En 2019, sorprendentemente, Harvard ganó.

No sólo se ha distorsionado el espíritu de la Decimocuarta Enmienda. Muchos de los logros conseguidos por los afroamericanos gracias al movimiento por los derechos civiles de los años sesenta están siendo mermados sin tregua. La Ley de Derecho al Voto de 1965, apuntalada en la Decimoquinta Enmienda, fue diseñada para proteger ese derecho de los negros contra los tejemanejes que desplegaban las autoridades electorales del sur para mantenerlos lejos de las urnas. En 2013 la Suprema Corte decretó que el racismo descarado que justificaba dar al Departamento de Justicia la supervisión de las reglas de voto en nueve estados y partes de otros seis ya no era generalizado, y la canceló. Desde entonces, para los negros ha sido mucho más difícil votar.

Tras el fallo del caso *Shelby County vs. Holder* muchas jurisdicciones han empezado a exigir que los votantes presenten una identificación oficial. Otras han purgado el padrón, casi siempre de votantes no blancos. Han reducido la cantidad de casillas en barrios de minorías pobres y restringido el voto anticipado. Muchas han exigido pruebas documentadas de ciudadanía, que los votantes negros y morenos casi nunca tienen.

El Brennan Center for Justice, en Nueva York, estima que uno de cada nueve estadounidenses no tiene una identificación emitida por el gobierno. Los pobres y los viejos que nacieron en casa y no en hospital, o que tienen errores en actas de nacimiento emitidas hace muchas décadas en lugares lejanos, enfrentan dificultades inimaginables para conseguirla. Eric Holder, fiscal general de la administración de Obama, sostiene que los nuevos requisitos de identificación para votar fueron diseñados para cumplir el mismo fin que el del impuesto al sufragio en el sur contemplado en las leyes de Jim Crow: impedir que los negros votaran.

La población blanca también hace cuanto le es posible por mantener a los niños no blancos fuera de las escuelas de sus hijos: en las zonas urbanas, separan sus barrios acomodados de los grandes distritos escolares para proteger su exclusividad sin violar la ley. Décadas después de la Ley de Vivienda Justa, en los prósperos barrios y ciudades de blancos se siguen empleando normas de uso de suelo contra multifamiliares y viviendas en alquiler, para impedir que en su zona se instalen residentes pobres y no blancos.

Es un cuento viejo. Durante la agonía de la Gran Depresión, el presidente Franklin D. Roosevelt propuso el New Deal —un nuevo acuerdo— como política de seguridad social en forma de seguro colectivo que abarcaría a todos los estadounidenses. La idea arraigaba en un sentido de sacrificio compartido por el bien de todos. Lo que a muchos entusiastas del programa les faltó reconocer fue la estrechez de sus fronteras, claramente circunscritas por la raza. Sus iniciativas y agencias —por ejemplo, las administraciones de Seguridad Social o de Vivienda Federal— excluyeron al no blanco a cada vuelta.

El politólogo Ira Katznelson llamó al New Deal "acción afirmativa para blancos". Cuando la Ley de Derechos Civiles dio entrada a los no blancos a la carpa protectora, el consenso político que había encaminado al país hacia una socialdemocracia apuntalada por una robusta red de seguridad se desplomó. Impactada por la diversidad en sus calles, la mayoría blanca dio la espalda a las metas del New Deal.

George Wallace, el gobernador de Alabama que bloqueó el ingreso de dos estudiantes afroamericanos a la universidad insignia del estado, lo entendió bien. Desde arriba y abajo de la línea Mason-Dixon,[2] recibió miles de felicitaciones por haber desafiado la ley federal. "Todos odian a los negros, todos —concluyó—. ¡Gran Dios! ¡Eso es! Todos son sureños."

Como candidato a la presidencia en 1968, Wallace se dio cuenta de que no podía hacer su campaña abiertamente racista, pero apreciaba el valor de atizar el miedo de los blancos a que los negros se mudaran "a nuestras calles, nuestras escuelas, nuestros barrios". En *White Rage: The Unspoken Truth of Our Racial Divide* la historiadora Carol Anderson reporta que en 1966, el 85% de los blancos estaba seguro de que "el avance de los derechos civiles iba a un ritmo demasiado acelerado".

Lo que los blancos del crisol no pueden entender es que sus esfuerzos por excluir a morenos y negros de los beneficios de la ciudadanía también a ellos les causa un daño incalculable. Los negros y latinos probablemente sufren más cuando no pueden votar, cuando tienen vedada la entrada a buenas escuelas, cuando les niegan el acceso a viviendas en barrios de clase media. Pero al dar la espalda a la noción de bienes colectivos como aquellos que necesariamente requieren ser compartidos con sus hermanos de color, los blancos han empobrecido a la sociedad y a la nación. Ellos también están sufriendo las consecuencias.

Estuve en el condado de Harlan, Kentucky, justo antes de las elecciones intermedias de 2018; fui a un foro en el ayuntamiento al que asistió el gobernador Matt Bevin. Harlan es legendario en la región carbonífera de los Montes Apalaches, donde, en los años setenta, la Unión de Trabajadores Mineros Unidos hizo una huelga de un año por mejores sueldos y condiciones laborales. De la población, más de 95% es blanca no hispana. Cerca de cuatro de cada 10 viven por debajo de la línea de pobreza. El ingreso de un hogar típico es de unos

---

[2] Demarcación entre los estados de Maryland, Pensilvania, Virginia Occidental y Delaware cuando eran colonias británicas y resucitada después de que Pensilvania empezara a abolir la esclavitud. En lenguaje popular la línea Mason-Dixon se usa como símbolo de una frontera cultural entre el norte y el sur de Estados Unidos. [N. del T.]

24 mil dólares al año, menos de la mitad de la media nacional, y en su mayor parte proviene del *welfare* —conjunto de programas de asistencia federal—. Apenas un tercio de los adultos tiene trabajo estable. Es uno de los 11 condados del país donde la asistencia pública es más de la mitad del ingreso de una familia.

Harlan se enfrenta a un futuro de indigencia. La minería de carbón está en un declive inexorable: hoy sostiene 600 empleos en el condado, muy por debajo de los 2 mil 900 que ofrecía en 1990, y no hay evidencias de otra industria que pueda tomar su lugar. De todos modos, cuando el gobernador Bevin despotricó contra el abuso de la seguridad social, los poco más de 60 escandalizados residentes reunidos en el viejo juzgado lo ovacionaron de pie. Y zumbaban de indignación ante la historia que contaba Bevin de un haragán que se la pasaba tirado en el sillón de la casa de su madre, viviendo de la asistencia del gobierno.

Los beneficios de Medicaid conforman alrededor de 17% del ingreso personal promedio de los residentes de Harlan. De todas formas, los reunidos en el ayuntamiento aplaudieron el plan del gobernador de imponer requisitos a los miles de beneficiarios de Medicaid físicamente capaces y en edad de trabajar. Para conservarlos debían conseguir empleo, inscribirse en un programa de capacitación o prestar servicio comunitario 20 horas a la semana. La corte lo frustró.

Cuando el gobernador reveló su plan, casi la mitad de los 350 mil beneficiarios capaces de trabajar en Kentucky no cumplían con ese requisito. Su administración estimaba que las nuevas reglas eliminarían a unas 100 mil personas de las listas en un plazo de cinco años. Además, los beneficiarios que cumplieran con los nuevos requisitos y se mantuvieran en el programa tendrían que pagar por el privilegio. El plan de Bevin imponía primas que empezarían con un dólar al mes para familias con ingresos de hasta una cuarta parte del límite federal de pobreza —que en Kentucky, para mi sorpresa, existen—, y subirían hasta 15 dólares para familias con ingresos por arriba de ese umbral. En general, el gobernador estimaba que su propuesta reduciría el gasto del estado en Medicaid por 2 mil 400 millones de dólares en cinco años.

Bevin tiene algo de agitador, es un favorito del Tea Party que ganó la gubernatura a pesar de la oposición del *establishment* republicano de Kentucky. Sus propuestas cuadran con el centro dominante del partido.

Hace dos décadas, Kentucky acogió con gusto el último intento nacional de "reforma a la seguridad social", cuando el derecho de los pobres a la asistencia federal, que data desde el New Deal, fue reemplazado por un conjunto de subvenciones fijas a los estados, que por ley obtuvieron la libertad de imponer los requerimientos que consideraran convenientes para restringir el padrón de beneficiarios. Kentucky aprovechó la oportunidad al máximo.

Su índice de pobreza no se ha movido mucho desde entonces. Está justo por encima de 17%, y es el quinto estado más pobre del país. Pero el número de familias que reciben transferencias monetarias del programa Asistencia Temporal para Familias Necesitadas (Temporary Assistance for Needy Families, TANF), que sustituyó los programas federales para los pobres, ha caído dos tercios. El programa TANF beneficia a menos de una de cada cinco familias pobres del estado, menos de la mitad de lo que cubría cuando fue creado en 1996. Obligadas a sortear varios obstáculos para obtener un beneficio no mayor de 262 dólares al mes para una familia de tres, incluso algunas de las más pobres han decidido que no vale la pena.

Kentucky no es siquiera el estado más cruel. En 16 estados, las transferencias en efectivo contra la pobreza llegan a menos de una de cada 10 familias pobres con hijos. Al igual que Bevin, los gobernadores republicanos de todo el país se apresuraron a ahorrar en Medicaid, aprovechando que en su oferta, la administración de Trump daría libertad a los estados para experimentar con el programa. De acuerdo con la Fundación Kaiser Family, para el verano de 2019, 16 estados le habían solicitado autorización del gobierno federal para imponer a Medicaid requisitos de trabajo. Doce buscaban copagos y la capacidad de limitar beneficios y 15 exigían restricciones adicionales de elegibilidad e inscripción. Sólo algunas cuantas de esas peticiones fueron bloqueadas en la Corte.

Invariablemente, estas propuestas se justifican como mecanismos para fomentar que los estadounidenses pobres consigan empleo y prosperen, libres de las muletas del Estado de bienestar. Pero si se trataba de recortar los programas gubernamentales para aumentar el bienestar de los ciudadanos, la intención no se cumplió. La reforma de seguridad social sí llevó a muchos pobres a conseguir empleo, pero nunca a ganar lo suficiente para sacar a sus familias de la pobreza. La pérdida de los pagos de asistencia prácticamente canceló sus ganancias del trabajo. Con poca educación y prácticamente sin acceso a posibilidades de capacitación, quedaron atrapados en el mercado laboral de salarios bajos que se ha apropiado de gran parte de la economía estadounidense.

Los esfuerzos por limitar los beneficios de Medicaid son una forma de jugar con la vida de la gente. En 2005, justo abajo de la frontera sur de Kentucky, para ahorrar dinero, Tennessee eliminó del servicio a 170 mil personas, casi uno de cada 10 beneficiarios en el estado. Según un estudio, la gente empezó a retrasar sus citas con el médico. Hubo quienes dejaron de ir al doctor por completo. Muchas personas reportaron sufrir más días con mala salud e incapacitadas, y con más frecuencia terminaban en servicios de emergencia, que por ley deben atender a todo el que lo solicite sin importar su capacidad de pago. Otro estudio descubrió que la purga de las listas de Medicaid provocó retrasos de diagnóstico de cáncer de mama y su detección en etapas más avanzadas. Las mujeres que vivían en códigos postales de bajos ingresos tenían 3.3% más probabilidades de recibir un diagnóstico de cáncer en etapa avanzada que las que vivían en los de ingresos altos. También tenían más probabilidades de morir.

Kentucky es el estado con más muertes por cáncer, y con más hospitalizaciones prevenibles. Ocupa el lugar 45 de 50 en términos de muertes por diabetes, el segundo en muertes por septicemia y el 41 en muertes por enfermedades cardiacas. ¿Qué pasará cuando los enfermos pobres de Kentucky no puedan pagar una cita con el médico? Una revisión de investigaciones recientes, publicada en *Annals of Internal Medicine*, concluyó que la probabilidad de morir para los adultos sin seguro médico es entre 3 y 29% más alta que para los que

VENENO RACIAL

sí lo tienen. Y un estudio de los economistas Katherine Baicker, Benjamin Sommers y Arnold Epstein calculaba que cubrir a 176 adultos más con Medicaid prevendría una muerte al año, en tanto que purgar a miles de personas de sus listas acortaría sus vidas.

No tengo evidencia directa que asocie el racismo con el rechazo que muestran los habitantes de Harlan al gobierno del que dependen tanto. Sólo hay 723 negros y 243 hispanos en todo el condado. Sus 26 mil habitantes blancos no hispanos podrían pasar toda su vida sin ver a alguien de una minoría étnica. Y, sin embargo, este libro propone que la hostilidad racial es, de hecho, lo que bloqueó la construcción de un Estado de bienestar en Estados Unidos.

Apelativos como "reinas del *welfare*" y otros estereotipos raciales, que por décadas han sido usados por los enemigos políticos de la redistribución, se han imbricado en la discusión nacional sobre el papel del gobierno en el país. Amplificados por los medios, repetidos sin cesar por los paladines del gobierno mínimo, terminaron por convencer a los estadounidenses blancos de que las personas de color son indignas aprovechadas de las arcas públicas.

Este punto de vista hizo corto circuito con la noción de que una sociedad saludable inevitablemente debe emplear recursos de los afortunados para dar una mano a los que están en desventaja. Cómodos con su interpretación racial de los males del Estado de bienestar, los votantes blancos marginados por las mismas fuerzas económicas que causaban estragos en muchas comunidades de color no podían darse cuenta de que se estaban disparando en el pie.

La actitud endurecida de la gente de Harlan contra las políticas sociales hace eco de la que mi colega de *The New York Times*, Binyamin Appelbaum, registró en el condado de Chisago, Minnesota. Ahí, un tatuador se quejaba de que la gente estaba usando los cheques del gobierno para pagar tatuajes, y según un jubilado del Departamento de Correccionales, "la cuestión principal" que aqueja a la nación es que "este país está lleno de gente que cree que el gobierno le debe algo".

Nunca hay que cavar muy hondo para dar con el racismo. La desconfianza racial no está lejos de la superficie. ¿Qué más que la xenofobia podría explicar la entusiasta acogida de los votantes de Harlan a los clamores de Trump por "tierra y sangre"? Casi nueve de cada 10 votaron por él. Su promesa de construir un muro a lo largo de la frontera con México de alguna manera emocionó a un condado donde sólo 189 personas —0.7% de la población— nacieron en otro país.

Y esto no es exclusivo de Harlan. El 81% de la población de Fremont, Nebraska, es blanca no hispana. Solo 8% nació en otro país. Sin embargo, en 2010 y otra vez en 2014 sus residentes votaron por el decreto municipal más duro del país contra los inmigrantes ilegales, que prohibía a los caseros alquilarles vivienda, y a los patrones, emplearlos.

A la gente de Fremont la mueve un miedo abstracto: miedo a los hispanos, que a partir de principios del siglo se habían más que triplicado y ya eran el 15% de la población del condado; miedo a la inmensa planta procesadora de pollo construida por Costco, que, según se espera, atraerá a miles de trabajadores no blancos a la zona. También para la gente de Harlan, lo que motiva su aversión a la red de seguridad es la otredad. Tan sólo al otro lado del monte, en la escuela Pine Mountain Settlement, conocí a un joven director adjunto, Preston Jones, que me planteó sus contraargumentos sobre el *welfare* y la inmigración. "Ni siquiera podemos mantener a la gente que ya hay aquí —me dijo—. ¿Cómo vamos a mantener a la gente nueva que llegue?"

El politólogo Rodney Hero, un estudioso atento a los vínculos entre raza y actitudes hacia el gasto público, encontró que la creciente distancia social y económica entre blancos y no blancos no sólo erosiona el apoyo al Estado de bienestar. La investigación que realizó con sus colegas Morris Levy y Brian Yeokwang An reveló evidencias sólidas de que la creciente desigualdad de ingresos entre grupos raciales reduce el gasto local en bienes públicos, como los departamentos de policía y de bomberos. Los contribuyentes blancos son en general más renuentes al gasto público cuando ven que beneficiará a los no blancos, así que, en consecuencia, votan por los candidatos que se oponen a esas erogaciones. Su conclusión: "Estos resultados reafirman y esclarecen la naturaleza y la importancia persistente y fundamental de raza y clase en la sociedad estadounidense y su política y políticas".

Los votantes no necesitan convivir con minorías para desconfiar de ellas. Menos de 4% de la población de Kentucky nació fuera de Estados Unidos. Sin embargo, según el Wesleyan Media Project, en el mes anterior a las elecciones intermedias de 2018, 27% de la propaganda política transmitida en Kentucky atizaba el miedo a la inmigración. En una encuesta nacional de 2016 hecha por el Brookings Institution y el Public Religion Research Institute, sólo 22% de los estadounidenses dijo que la inmigración estaba cambiando su comunidad local, pero para 39% estaba cambiando en general a toda la sociedad estadounidense.

Igual sucede con las actitudes ante la raza. Sólo 8% de la población de Kentucky es negra, pero su gente se ubica apenas detrás de Virginia Occidental y Misisipi en cuanto a la búsqueda de la palabra *nigger* en internet. Para el científico de datos Seth Stephens-Davidowitz, ése es un buen indicador de animadversión racial. "La evidencia sugiere poca probabilidad de que los datos de Google sufran de una censura social importante", escribió. La gente es más honesta en la privacidad de sus búsquedas por internet.

En retrospectiva, la victoria electoral de Trump no debió haber sido tan impactante. Su plataforma basada en resentimientos de clase y raza era justo lo que querían oír los inconformes votantes blancos que constituyen la base republicana. Lo más sorprendente es lo bien que la agenda política del presidente Trump engranó con el largamente establecido proyecto republicano. Desde luego, es probable que sus intentos de prohibir la entrada a gente de países musulmanes y deportar a más inmigrantes ilegales no cumplieran con los objetivos de los republicanos pronegocios, que tienden a acoger a los inmigrantes como fuerza laboral. Su proteccionismo gratuito también causó tensiones con los intereses corporativos. Pero en todos los demás frentes su política interna se atenía a los deseos normales de su partido.

La reforma fiscal del presidente Trump en 2017 fue un sueño cumplido para incluso los más fervientes evangelistas contra los impuestos de la derecha republicana. De acuerdo con estimaciones de la Casa Blanca, hacia finales de 2018 los ingresos federales decrecieron a 16.7% del PIB, un punto porcentual menos que en el último año de la administración de Obama.

En cuanto al gasto, su gobierno no sólo permitió a los estados purgar de beneficiarios las listas de Medicaid, también se ha esforzado en recortar los vales de despensa. En un decreto que firmó en abril de 2018, el presidente ordenó a todas las agencias de gobierno reformar sus programas de bienestar "para fomentar el trabajo y reducir la dependencia", estableciendo, para los estadounidenses no discapacitados en edad laboral, requerimientos de trabajo tan estrictos "como lo permita la ley actual". La propia Casa Blanca estima que esta nueva medida podría afectar hasta a 34 millones de personas. En última instancia, el presidente está proponiendo una red de seguridad muy estrecha, que resulta inútil para quienes más la necesitan.

La estrategia de Trump conjuga sin problema con la agenda federalista: la demanda de control de los estados sobre las políticas del gobierno que, desde la Reconstrucción, se promovió por todo el sur con la intención de coartar programas federales que pudieran beneficiar a los afroamericanos. "Al separar a la autoridad local de la nacional, el federalismo estadounidense permitía a las comunidades locales invalidar a las mayorías nacionales en cuestiones básicas de ciudadanía —escribieron los politólogos Robert Lieberman y John Lapinski—. Incluso [y sobre todo] en partes del sur donde los negros eran mayoría."

En términos políticos, Trump debe su victoria al proceso continuo de clasificación racial que empezó hace más de medio siglo, cuando los demócratas blancos del sur respondieron a la agenda de derechos civiles del presidente Johnson desertando de su partido para hacerse republicanos. Al pasar de los años, ese proceso transformó al GOP (Grand Old Party) en defensor de los privilegios de los blancos, en una organización ansiosa por proteger al país de las demandas de la gente de color. También transformó al sur en un enclave republicano seguro por generaciones.

En 2016 los votos con base en la raza también fueron decisivos fuera del sur. Trump ganó en las zonas no metropolitanas de todo el país con márgenes promedio por arriba de 40%. Las ciudades pequeñas y los pueblos también le dieron una victoria decisiva: en Estados Unidos hay unas 380 zonas metropolitanas; en 31 de ellas, con una población promedio de 180 mil personas, Trump fue el elegido por un margen de al menos 50%. Más de tres de cada cuatro de sus habitantes eran blancos no hispanos. En contraste, Hillary Clinton sólo ganó en siete por un margen de más de 50%. Pero eran zonas mucho más grandes, con una población promedio de 1.2 millones de habitantes, de los que seis de cada 10 eran personas de color.

En la última década ese ordenamiento racial se ha acelerado bruscamente. En 2008 los votantes blancos sin título universitario dividían sus alianzas políticas más o menos por igual entre demócratas y republicanos. Para 2015 ya preferían al Partido Republicano por un margen de 24 puntos porcentuales. Esto es una amenaza directa no sólo a la agenda liberal, sino a la capacidad de Estados Unidos de prosperar en una era abierta, globalizada y multiétnica. Por lo menos desde los años sesenta, el *ethos* liberal se ha fundado en el sueño de una gran alianza progresista: mujeres y hombres trabajadores, pobres, inmigrantes y minorías raciales y de otro tipo, todos juntos en una coalición para contrarrestar a los conservadores y sus aliados corporativos. Las elecciones de 2016, en las que los blancos sin título universitario votaron por Trump por un margen de 39 puntos porcentuales por encima de Hillary Clinton, fueron una estocada al corazón de esas expectativas.

En su lúcido libro *White Working Class: Overcoming Class Cluelessness in America*, publicado justo después de las elecciones, Joan Williams planteó que los votantes blancos del sector manual de la clase trabajadora se volcaron contra los programas de asistencia social porque los veían como herramientas diseñadas por los liberales urbanos para ayudar a los pobres urbanos. "Lo único que ven es su estresante vida cotidiana, y les provocan rencor los subsidios y la empatía disponibles para los pobres", observó.

Escribió que las familias de clase media con dificultades económicas no entienden que los programas de asistencia son tan escasos que los pobres apenas si obtienen ayuda. Hierven de enojo por la red de seguridad que permite a una madre negra y soltera quedarse en casa, mientras nada ofrece a una pareja explotada que se toma relevos trabajando día y noche para cuidar a sus hijos. Lo ven como estratagema para dar regalos a los negros y morenos, diseñada por una élite que apenas oculta el desprecio con que mira a los trabajadores blancos menos educados.

El sueño de una gran alianza voló demasiado fácilmente sobre el caos ideológico entre una clase trabajadora socialmente conservadora y una agenda liberal urbana en la que los baños transgénero tienen su lugar en la lista de prioridades como conseguir mejores empleos. Y, sin embargo, pienso que el desafío que enfrentan los liberales es mucho más grande de lo que Williams sugiere. Crear una plataforma que pueda atraer a los blancos de clase obrera a la carpa multicultural no sólo es cuestión de dar prioridad a la lucha de clases sobre otros elementos del canon liberal. Requiere reconstruir la solidaridad, recuperar la proposición de que el pago de impuestos para financiar bienes públicos para todos es indispensable para mantener una sociedad sana. Para esto se necesitará cerrar una brecha racial que desde hace siglos se ha estado formando. El desafío permanecerá aun cuando el presidente Trump deje el poder: ¿cómo construir la confianza social para cerrar la brecha abierta por la hostilidad racial? A la derecha no le interesa. Y, por lo que se ve, la izquierda tampoco rebosa de ideas.

La demolición de viviendas públicas en Chicago que empezó a inicios de este siglo nos proporciona una mirada aleccionadora de la continuidad del poder político de la raza. Una docena de proyectos de vivienda administrados por la Autoridad de Vivienda de Chicago fueron demolidos entre 2000 y 2004. Eran el hogar de 25 mil personas, 99% de ellas eran negras. Varios de esos multifamiliares estaban muy cerca de vecindarios predominantemente blancos.

Según el politólogo Ryan Enos, en cuanto los demolieron, la participación de los votantes blancos de los barrios más cercanos a los demolidos cayó 10%. Es más, se volvieron más liberales. El investigador concluyó que tener negros viviendo cerca empujaba a los blancos a ponerse a la defensiva. O, en sus palabras, "los votantes blancos de Chicago se sentían amenazados por la proximidad espacial de un grupo externo, así fuera segregado". En cuanto arrasaron los multifamiliares y expulsaron a los negros, los blancos podían darse el lujo de una postura más generosa. El miedo racial marcó incluso sus preferencias presidenciales. En las elecciones generales de 2008 había más probabilidades de que los votantes blancos que vivían cerca de los multifamiliares abatidos votaran por Obama que los que vivían cerca de los que seguian en pie, a reserva de que todo lo demás siguiera igual.

No es exagerado decir que, hoy en día, el miedo racial es uno de los motores principales de las opciones que se eligen en el país. Stephens-Davidowitz argumenta que la animadversión racial le costó a Obama aproximadamente cuatro puntos porcentuales del voto popular, tanto en 2008 como en 2012. Los votantes también evalúan las políticas a través de una lente racial.

El politólogo Michael Tesler concluyó que los sentimientos de los votantes sobre la raza daban forma a sus actitudes frente a la Ley de Cuidado Asequible, el estímulo fiscal de la administración de Obama para combatir la gran recesión, e incluso las tasas impositivas. Los blancos que expresaban el mayor resentimiento racial —que creen que los blancos sufren injustamente por las políticas antidiscriminación, que piensan que los negros son culpables de su propia desventura y demás— eran consistentemente los menos dispuestos a apoyar un programa de seguridad para la salud proporcionado por el gobierno.

El primer presidente negro de Estados Unidos amplió la brecha. Entre diciembre de 2007, a finales de la administración de George W. Bush, y noviembre de 2009, cuando Obama llevaba 10 meses en el poder, la proporción de blancos resentidos arguyendo que la responsabilidad por la atención a la salud debía recaer en los individuos se disparó de 40 a 70%. "El apoyo menguante a los servicios públicos de salud durante la presidencia de Barack Obama se debió principalmente a las deserciones conservadoras por motivos de raza", concluyó Tesler.

Antes, durante la administración de Clinton, la propensión de los afroamericanos a apoyar los servicios públicos de salud tenía una probabilidad 26% más alta que la de los blancos. Sin embargo, durante los primeros años de la administración de Obama la brecha se amplió a 45%, debido tanto a un mayor apoyo de parte de los negros como uno menor de parte de los blancos.

Incluso encuadrar el aumento a las tasas impositivas más altas como política de Obama activó el resentimiento racial y redujo el apoyo de los blancos. Como señalaron Donald Kinder y Allison Dale-Riddle en *The End of Race?*, no importaba qué dijera el presidente de la sociedad y el gobierno, o de los problemas y políticas del país, "a la hora de la hora, cada vez que los votantes estadounidenses lo veían, era negro".

Los prejuicios raciales permean la opinión de los estadounidenses sobre la democracia. En 1980 Paul Weyrich, el activista conservador que fundó el American Legislative Exchange Council (ALEC), señalaba: "Yo no quiero que todo mundo vote". Observó la tendencia de que a los republicanos les va mejor "mientras menor sea el populacho votante". Así que el ALEC se dedicó a redactar leyes sobre la identificación para votar que, invariablemente, dificultaban el voto de los ciudadanos de color.

El racismo en Estados Unidos puede ser tan viejo como las montañas, pero hay algo particularmente perturbador en nuestro tiempo. Bien entrado el siglo XXI llegamos a esperar que incluso los racistas confesos entendieran que su racismo no es bienvenido en público. Pensábamos que en nuestros días las opiniones racistas sólo podían expresarse veladas en subterfugios. Obviamente, no teníamos razón.

En la campaña electoral de 2012 la propaganda política de Mitt Romney dependía de señales raciales. Sobre su estrategia de campaña, Thomas Edsall escribió en el *New York Times* que el candidato republicano no tenía otra vía. "Ante su poca o nula posibilidad de ganar votos entre negros e hispanos —cuyo apoyo a Obama se mantiene fuerte—, la campaña de Romney no tiene otra opción para ganar que adoptar una estrategia que aumente el voto blanco."

El contendiente republicano acusó tramposamente al presidente Obama de suprimir los requisitos de empleo añadidos a los programas de bienestar en la reforma de 1996, alusión en código a la imagen común entre los blancos de los negros como holgazanes aprovechados que esperan vivir del dinero de los contribuyentes. También aseveró que el presidente estaba tomando cientos de millones de dólares de Medicare, cuyos beneficiarios son abrumadoramente blancos, para pagar beneficios médicos a la desporcionadamente minoritaria población de los no asegurados.

En 2016 las referencias raciales dejaron atrás las cortinas de humo. En su camino a la presidencia, Trump dependía enormemente de los blancos menos educados. Según el Centro de Investigaciones Pew, sólo 38% de las mujeres, 27% de los hispanos y 7% de los negros registrados en el padrón votaron por los republicanos. De los graduados universitarios sólo 41% lo apoyó. Para tener posibilidades de ganar la presidencia, necesitaba a la gente blanca sin título universitario. Se deshizo, por lo tanto, de los códigos sutiles sobre negros holgazanes, y los reemplazó con llamados abiertos urgiendo a los blancos a salvar a Estados Unidos de los negros y morenos en su seno.

Sus votantes ya estaban ahí. Al Tea Party, que saltó a la fama a principios de la presidencia de Obama, ostensiblemente lo motivaban preocupaciones por el déficit presupuestario y se concentraba en recortar impuestos y mutilar el gasto público. Pero sus mítines casi siempre incluían retratos "photoshopeados" del presidente y su esposa, Michelle, mezclados con imágenes de simios. Sus cárteles llamaban a Obama el "primate en jefe". Cuando la Asociación Nacional para el Progreso de las Personas de Color (National Association for the Advancement of Colored People, NAACP) aprobó una resolución que etiquetaba al Tea Party como una organización racista, Mark Williams, líder del Tea Party Express en California, escribió una carta de burla "a Abe Lincoln", en la que "los de color" argumentaban contra la emancipación: "La libertad significa tener que trabajar de verdad, pensar por uno mismo y aceptar las consecuencias junto con las recompensas. ¡Eso es pedirnos demasiado a las personas de color, y exigimos que se detenga!"

En 2018 los politólogos Nicholas Valentino, Fabian Guy Neuner y L. Matthew Vandenbroek publicaron un estudio en el que trataban de entender por qué la retórica abiertamente racista se había vuelto más aceptable en el discurso político común. Sugirieron un par de dinámicas. Para empezar, el gran ordenamiento de votantes detonado por la Ley de Derechos Civiles en los sesenta está prácticamente terminado. Conforme se afianza el dominio del GOP por blancos hostiles a las minorías, el costo político en que incurren sus miembros por expresar opiniones abiertamente racistas ha disminuido.

Al mismo tiempo, al perder los blancos su palanca demográfica, en comparación con grupos minoritarios que crecen rápidamente, se ha producido una conciencia de blancura bajo asedio. El ascenso de Obama a la presidencia les permitió a muchos votantes blancos convencerse de que la discriminación racial contra los afroamericanos era cosa del pasado. La acción afirmativa y otros programas para ayudar a las minorías a salir adelante ya no eran necesarios. Para 2016 esa sensación había evolucionado hasta convertirse en la idea de que los blancos de clase trabajadora de pequeños poblados estancados y zonas metropolitanas del Rust Belt[3] eran los que necesitaban que los protegieran de los demás.

La derrota de Romney en 2012 inspiró un examen de conciencia entre los republicanos. En un ampliamente circulado *post mortem* se planteaba que, para conservar su relevancia, el partido tenía que acercarse a las mujeres y a las personas de color. No había suficientes varones blancos en el país que los mantuvieran en el poder. Pero para 2016 era evidente su olvido de todo aquello. Eligieron otro camino.

Trump ganó las elecciones presidenciales. Al año siguiente los supremacistas blancos marchaban desafiantes por Charlottesville, Virginia, empuñando sus antorchas y sus banderas confederadas. "Sospechamos que las normas de la retórica racial aceptable en la política estadounidense han sufrido un cambio drástico —escribieron Valentino y sus colegas—. Puede ser que el poder distintivo de las señales racistas implícitas haya disminuido en comparación con las explícitas,

---

[3] Literalmente Cinturón de Óxido. Es una región de Estados Unidos donde la principal actividad económica se relaciona con la industria pesada y manufacturas. Engloba estados del noreste en la región del Medio Oeste y también del Mid-Atlantic de la región Noreste. Se extiende desde la costa atlántica hasta el este de Wisconsin. Limita al sur con las zonas mineras de los montes Apalaches y al norte con los Grandes Lagos.

porque un grupo creciente de ciudadanos ha dejado de rechazar las alusiones explícitamente hostiles." Es de pavor. ¿Qué pasa cuando la hostilidad racial abierta se apropia del debate nacional sobre políticas sociales, inmigración o incluso seguridad nacional? ¿Qué pasa cuando salta de la retórica política al mundo físico?

Hay algo tristemente irónico en el nuevo ímpetu del racismo. Llega en el cenit de una era en la que los estadounidenses blancos se verán obligados a depender de los demás como nunca antes. Se están haciendo viejos. El blanco promedio tiene 43 años. Cuatro de cada 10 ya cumplieron 52. En contraste, entre latinos, la media de edad es apenas 28 años. Como señala el demógrafo William Frey en su libro *Diversity Explosion*: "La población mayor, mayoritariamente blanca, necesitará que los miembros de la población adulta del futuro, dominada por minorías, sean contribuyentes, consumidores y trabajadores productivos si se quiere que la economía nacional siga creciendo y produciendo ganancias y servicios que beneficien a jóvenes y viejos por igual".

El análisis del Centro de Investigaciones Pew observó que la inmigración lleva años ampliando la fuerza laboral. El estudio indica que los inmigrantes y sus hijos aportaron más de la mitad del crecimiento poblacional de personas entre 25 y 64 años en las últimas dos décadas y que en las dos siguientes aportarán más que el crecimiento total de la fuerza laboral.

Los *baby boomers* se están jubilando, dejando un gran hoyo en la oferta de trabajo. El estudio señala que, si Estados Unidos cortara el flujo de nuevos migrantes, su población en edad laboral se encogería a 166 millones en 2035, contra los 173 millones que había en 2015. Mientras, el número de estadounidenses mayores seguiría aumentando.

Por cierto, Estados Unidos necesita del extranjero no sólo programadores informáticos y otros inmigrantes altamente calificados, también le hacen falta montones de inmigrantes menos educados. Las proyecciones de la Conference Board muestran que la población en edad laboral sin educación más allá del bachillerato disminuirá durante los próximos 10 años. Pero las del Departamento del Trabajo sugieren que las ocupaciones que aportarán el mayor número de empleos durante los siguientes 20 años no requerirán más que el certificado de bachillerato. Se van a necesitar 800 mil más cuidadores de personas tan sólo en la siguiente década, y 600 mil trabajadores adicionales más para la preparación de alimentos.

Las economistas Pia Orrenius y Madeline Zavodny recomiendan políticas que aumenten la inmigración legal, incluyendo un programa expandido de visa de trabajo temporal para inmigrantes poco calificados que puedan ayudar a industrias de rápido crecimiento. Suerte con eso. Sin importar lo que suceda con Donald Trump, es poco probable una transición fluida de la política estadounidense, que pase del debate sobre un muro "impenetrable" a ofrecer trabajo a aquellos extranjeros morenos que hoy día, a toda costa, queremos mantener afuera.

Las divisiones étnicas del país plantean una prueba monumental a su capacidad de enfrentarse a una economía de libre mercado en el desasosiego producido por un cambio tecnológico implacable. Me viene a la mente la visión crítica del economista Dani Rodrik: los países con más éxito en su forma de lidiar con la globalización son los que tienen las redes de seguridad más ricas y robustas. Como señala en su libro *The Globalization Paradox*, los mercados y los gobiernos no son sustitutos, sino complementos. En la medida en que el antagonismo racial siga impidiendo que Estados Unidos construya un gobierno suficientemente robusto, también va a dificultar que se relacione productivamente con el resto del planeta.

Durante más o menos los últimos 50 años, la ortodoxia económica dominante en el país sostuvo que cualquier restricción al flujo mundial de bienes y capital era necesariamente algo malo, ineficiente. Pero la crítica republicana de que las políticas sociales equivalen a echar arena en los engranes de la economía —a fomentar que la gente de bajos ingresos, sobre todo negros, se tire en el sillón, cobre sus cheques del gobierno y tenga hijos fuera del matrimonio— ciertamente se ha demostrado irrelevante. La red de seguridad social, incluyendo lo que los estadounidenses llaman *welfare*, es la herramienta que usan las sociedades ricas para que los trabajadores puedan hacer frente a riesgos económicos.

El actual alboroto populista en Estados Unidos —alimentado, en parte, por trabajadores abatidos por la globalización y la automatización de la producción— demuestra que cualquiera que sea el costo en eficiencia de la red de seguridad social, de todos modos vale la pena. Sin ella, los trabajadores difícilmente aceptarán los trastornos que la globalización conlleva. La rebelión en Estados Unidos sirve de prueba feroz de la devastación que la eficiencia irrestricta puede causar a la democracia.

Y eso no es siquiera lo que más me preocupa. Lo que me quita el sueño es lo que este nuevo Estados Unidos de abierto conflicto racial implica para el futuro de mis hijos: Mateo, ahora preocupado por hablar español en público, y mi hija, Uma, que tiene una herencia étnica igual de compleja. Estados Unidos los va a necesitar tanto como a cualquier otro ciudadano joven, pero eso no es garantía de que los vayan a aceptar en el crisol. La hostilidad étnica que mueve a la política y políticas estadounidenses podría acabar por expulsarlos.

Hace 35 años, en su discurso de despedida del cargo de presidente de la Population Association of America, el destacado demógrafo Samuel Preston dio la voz de alarma por la ausencia de inversión en los niños del país. Las madres estadounidenses estaban teniendo más bebés fuera del matrimonio. Los índices de logros escolares se habían desplomado. Aunque estaba disminuyendo la tasa de pobreza entre los viejos, la pobreza infantil iba al alza. Al descuidar a sus niños, advirtió Preston, Estados Unidos estaba poniendo en riesgo su futuro.

Yo diría que ese descuido se debió sobre todo a motivos raciales. Un factor crítico que debilitaba "cualquier brote de conducta altruista hacia los hijos ajenos", observó Preston, era que "cada vez pertenecen más a minorías con las cuales a la mayoría le puede costar identificarse". Preston dedicó palabras mordaces a esa tan miope percepción de nuestro bienestar colectivo. Advirtió a los blancos que creían que los problemas de la infancia se limitaban a los afroamericanos deberían saber que "No hay una sola tendencia de las que he hablado aquí que no ataña a ambas razas". De hecho, algunas tendencias preocupantes, como el número creciente de madres solteras, avanzaba más rapidamente entre las blancas. Los niños estadounidenses, dijo, son "un grupo que incluye a todas las razas".

Es obvio que la clase política no tenía paciencia para tales sermones. Los ingresos del estadounidense promedio son casi 50% más altos que cuando Preston dio su discurso, tomando en cuenta la inflación: casi 60 mil dólares al año. De todos modos, casi 13 millones de niños viven en pobreza, apenas 600 mil menos que en 1984. El porcentaje de bebés nacidos de mamás solteras es aproximadamente el doble de lo que era en ese entonces.

Hoy, menos de la mitad de todos los niños del país son blancos. La advertencia de Preston sobre el riesgo que implicaba no invertir en los menores es tan cierta hoy como entonces. De hecho, a lo largo de este libro espero convencerlos de que las barreras de desconfianza y hostilidad racial que cercan la vida de los estadounidenses han evitado "cualquier brote de conducta altruista" no sólo hacia nuestros hijos, sino hacia toda la sociedad. Y espero convencerlos de que ese racismo nos ha hecho daño a todos, siempre.

En 1940, cuando las leyes de Jim Crow imponían la discriminación en el trabajo, segregaban escuelas y construían guetos, el varón negro promedio ganaba lo mismo que el varón blanco, en el percentil 24 de la distribución de ingresos de los blancos. En 2014, después de más de medio siglo de leyes y fallos diseñados para terminar con esa discriminación, los ingresos del varón negro promedio eran equivalentes a los del 27 percentil del varón blanco.

El economista Raj Chetty y sus colegas en Opportunity Insights encontraron que los afroamericanos que viven en zonas de gran población negra tienen niveles particularmente bajos de movilidad económica. Y eso es un mal augurio para el futuro de la seguridad social.

Pero los blancos no salen indemnes. Los códigos negros de la Reconstrucción, que buscaban reinstaurar algo parecido a la esclavitud encadenando a los trabajadores negros a sus empleos, también depreciaron los salarios de los blancos pobres. Los impuestos al sufragio diseñados para mantener a los afroamericanos lejos de las urnas también privaron del derecho a voto a los blancos pobres. Así que el tacaño Estado moderno que Estados Unidos ha construido —cercado por la falta de voluntad de los blancos de extender la mano a través de sus muros tribales— está condenando el futuro del país.

2

Bienestar para los blancos

Nunca se sabría por las filas de coquetas casas de arenisca que adornan la margen occidental del río Hudson en Hoboken, Nueva Jersey, pero esa ciudad dormitorio de la próspera economía financiera de Manhattan, tan sólo a un corto viaje en ferri de Wall Street, fue la cabeza de playa del comunismo en Estados Unidos.

Mediana en tamaño, de unos 60 mil habitantes, Hoboken tuvo un papel central en la rápida industrialización que envolvió a Estados Unidos después de la Guerra Civil. Esa ciudad era hogar del astillero de la gran constructora naval decimonónica W. & A. Fletcher Company, diseñadora del primer motor de turbina a vapor en Estados Unidos. También albergó a varios íconos entrañables del pasado industrial estadounidense: los Tootsie Rolls, los Twinkies, el café Maxwell House, la cremallera. Sus muelles fueron el escenario de una de las historias de corrupción laboral más icónicas del país, inmortalizada por Marlon Brando en *Nido de ratas*, dirigida por Elia Kazan. Lo que se sabe menos es que Hoboken también fue el hogar de Friedrich Adolph Sorge, un inmigrante alemán que, según Selig Perlman, historiador del trabajo de finales del siglo xix y principios del xx, fue "el padre del socialismo moderno en Estados Unidos".

Los muelles de Hoboken fueron una importante puerta de entrada para cientos de miles de alemanes que llegaron al país en la segunda mitad del siglo xix. Para 1890, justo antes de que la Ley de Inmigración de 1891 otorgara al gobierno federal autoridad sobre la inmigración, los inmigrantes eran casi 40% de la población de la ciudad, y la mitad venía de Alemania.

Sorge llegó a Estados Unidos en 1852, huyendo de la pena de muerte que le habían impuesto por participar en los levantamientos republicanos que estremecieron a los principados alemanes en 1848 y 1849. Después de pasar un tiempo en Suiza, Bélgica y Londres, cruzó el Atlántico y llegó en junio a Nueva York. Se mudó a Hoboken, al otro lado del Hudson, se casó con una joven inmigrante alemana y dedicó los siguientes 54 años de su vida a dar clases de música y a instigar la lucha de clases entre los obreros de Nueva Jersey.

En 1852 fundó la Liga Proletaria junto con Joseph Weydemeyer. En 1857 inauguró el Club Comunista en Nueva York, y lo afilió a la Primera Internacional, concebida por Karl Marx. Dirigió la huelga de los trabajadores de la seda de Paterson, Nueva Jersey; organizó el Sindicato Internacional del Trabajo de Hoboken, y se convirtió en secretario del Comité Central de la Asociación Internacional de los Trabajadores (International Workers Association, IWA) en Estados Unidos. En *Socialism and the Worker*, un panfleto publicado en 1876, escribió: "¡Quien se declare enemigo del comunismo se declara enemigo del interés común, de la sociedad y de la humanidad!"

Obviamente, fracasó. A pesar de todo el fermento social que había en Estados Unidos tras la Guerra Civil —cuando una gran mano de obra urbana al servicio de una pujante economía industrial exigía mejores salarios, jornadas más cortas y mejores condiciones laborales—, sus esfuerzos por atizar las llamas de la lucha de clases no cobraron impulso. A la clase obrera industrial estadounidense no le interesaba la dictadura del proletariado.

Los historiadores han propuesto varias hipótesis para explicar esa falta de espíritu revolucionario. Tal vez la política democrática de Estados Unidos y el hecho de que careciera de un pasado feudal desarmaran el llamado a derrocar el sistema capitalista por la vía violenta. Tal vez fuera la influencia de los reformistas yanquis, que sobresaturaron la causa de los derechos laborales con todo un paquete de aspiraciones, que incluían los derechos de las mujeres, la reforma agraria, la igualdad racial y el espiritualismo. A diferencia de los europeos, los obreros estadounidenses disfrutaban de una prosperidad relativamente generalizada, gracias a una economía en rápido crecimiento protegida por altos aranceles contra las importaciones. El ritmo acelerado de la movilidad económica templaba su deseo de igualdad, porque les ofrecía una oportunidad plausible de mejores salarios en el futuro.

Sorge se hizo amigo de Marx y de Friedrich Engels en La Haya, en el congreso de la Internacional de 1872. A partir de entonces, Engels mantuvo una correspondencia constante con él desde su base en Londres. Él tenía otra versión del fracaso de su camarada.

Engels argumentaba que en Estados Unidos los socialistas alemanes de segunda clase no tenían sus prioridades claras, los anarquistas luchaban contra los marxistas prosindicatos, y éstos, a su vez, estaban en guerra contra los socialdemócratas. Más agudo fue su comentario sobre un rasgo único de la sociedad estadounidense que la separaba de Alemania y de los demás países europeos: su diversidad cultural y étnica. La inmigración, escribió, "divide a los trabajadores en dos grupos: los nativos y los extranjeros, y a los últimos en *1)* los irlandeses, *2)* los alemanes, *3)* cada uno de los muchos grupos minoritarios —checos, polacos, italianos, escandinavos, etcétera— que sólo se entiende a sí mismo. Y luego, están los negros". Para formar un único partido a partir de esos grupos se requerirían "incentivos inusualmente poderosos —argumentó—. Los burgueses sólo tienen que esperar pasivamente y los elementos disímiles de la clase trabajadora se volverán a desmoronar".

Los escombros del antiguo bloque soviético, donde la dictadura del proletariado gobernó durante tres cuartos de siglo, sugieren que los obreros estadounidenses tuvieron razón en ignorar los esfuerzos de Sorge por llevar el comunismo al otro lado del Atlántico. De todos modos, el análisis que hizo Engels hace más de un siglo, cuando su viejo amigo no logró encender la solidaridad de clase en Estados Unidos, también enfatiza una debilidad existencial de este país: la incapacidad de extender la solidaridad a través de las fronteras raciales, étnicas y culturales. Es una debilidad que erosiona el tejido social del país hasta nuestros días. La hostilidad étnica que mantuvo a raya al comunismo también impidió que Estados Unidos construyera las instituciones que protegieran a los más vulnerables de la tormenta del cambio económico acelerado.

En *Socialism and the Worker*, Sorge ofreció una vista panorámica de las virtudes del comunismo. Quien quisiera destruirlo, escribió, tendría que destruir las carreteras, las escuelas y mucho más: "¡Tendrá que destruir los jardines y parques públicos, tendrá que abolir los baños públicos, los teatros, las obras de abastecimiento de agua, todos los edificios públicos; tendrá que destruir los ferrocarriles, los telégrafos, la oficina de correos!" Esos bienes públicos, decía, "le pertenecen al comunismo".

Hoy, la lista parece irremediablemente ingenua, inconsistente con una memoria del comunismo en la que los gulags son por lo menos tan prominentes como los parques públicos. De todos modos, sus comentarios han resultado proféticos. Los estadounidenses no sólo rechazaron la noción de que la clase obrera los gobernara de manera colectiva. Rechazaron la noción de las soluciones colectivas a secas. Y la culpa la tiene la raza.

El Partido de los Trabajadores de Filadelfia, quizá el primer partido político comprometido con representar los intereses de la clase obrera, es un ejemplo revelador. Su plataforma, establecida en 1828, tenía metas loables: la jornada de 10 horas, por ejemplo, y terminar con la prisión de deudores morosos. Exigía el apoyo público a la educación pública gratuita y denunciaba la autorización de monopolios, a la industria del licor y a las loterías públicas.

Sin embargo, la solidaridad de clase estaba reservada a los blancos. En el partido no cabían tonos más oscuros. En *The Free Black in Urban America, 1800-1850: The Shadow of the Dream*, el historiador Leonard Curry citó a uno de los 10 mil negros libres de la Ciudad del Amor Fraternal. Si un hombre de color tiene hijos, dijo, "es casi imposible que les consiga un oficio, pues los jornaleros y aprendices por lo general se niegan a trabajar con ellos incluso si el patrón está dispuesto, lo que rara vez sucede". Como señaló el historiador Rayford W. Logan: "La primera exclusión de negros a gran escala aplicada por las organizaciones privadas en el periodo de posguerra fue obra del movimiento obrero".

El sindicalismo estadounidense nació segregado. La Unión Nacional del Trabajo, una de las primeras federaciones nacionales de sindicatos y ancestro lineal de la Federación Estadounidense del Trabajo (American Federation of Labor, AFL), era exclusivamente blanca. La mañana del 18 de agosto de 1869 un hábil calafateador negro de nombre Isaac Myers se dirigió a la convención de la unión en Filadelfia para pedir que admitieran a los obreros negros. "Los trabajadores blancos del país no tienen nada que temer de los trabajadores de color", les dijo. Tres días después, tras mucha deliberación, los representantes blancos de la convención votaron que no: si los negros querían un sindicato, que formaran el suyo. Ni el Sindicato Nacional del Trabajo ni sus sindicatos vinculados tenían planes de organizarlos. "El obrero blanco no quería negros en sus sindicatos", comentó el sociólogo e historiador W. E. B. Du Bois. No era un mero asunto de táctica o estrategia, argumentó: el hombre blanco no quería al negro bajo el mismo manto protector, porque "no creía en él como persona".

Los ferrocarriles fueron uno de los primeros campos de batalla de la lucha de clases, pues abrieron los caminos por los que echó raíces el Estados Unidos industrial. Los sindicatos operativos que representaban a los trabajadores de servicios de trenes y máquinas lucharon por tener negociaciones colectivas desde la década de 1880, y se convirtieron en algunos de los sindicatos más poderosos del país. Pero esos campeones del obrero tenían poco que ofrecerles a los hombres de otros colores. Un fogonero de ferrocarril texano, citado por el historiador del trabajo Eric Arnesen, lo dijo en términos que Engels habría podido entender: "Preferimos ser esclavos totales del capital que aceptar a un negro en nuestras barracas como nuestro igual y nuestro hermano".

Desde finales del siglo XIX hasta el New Deal, casi todos los principales sindicatos ferrocarrileros tenían cláusulas constitutivas que excluían a los afroamericanos de muchos empleos. Los negros estaban excluidos de los sindicatos de caldereros, maquinistas y herreros. Y los trabajadores organizados no dudaban en tomar acciones de presión a favor de sus políticas racistas. En 1909 los fogoneros blancos sindicalizados se fueron a huelga para obligar a la Georgia Railroad Company a despedir a sus fogoneros negros y excluirlos de trabajos futuros. Cuando el ferrocarril se negó a cumplir sus demandas, los blancos que vivían a lo largo de las vías asaltaron los trenes operados por fogoneros negros. Diez años después, la Administración de Ferrocarriles pasó regulaciones nuevas en beneficio de los blancos a expensas de los afroamericanos. Una regla prohibía emplear a negros como inspectores, guardavías, encargados de equipaje o responsables de patio o depósito de trenes.

El control gubernamental de los ferrocarriles impidió la discriminación absoluta durante la Segunda Guerra Mundial. Pero incluso la movilización bélica no pudo acabar con la tensión racial en la fuerza laboral. El organizador del distrito de Seattle de la Asociación Internacional de Maquinistas le advirtió a la Corporación Boeing que los trabajadores ya habían hecho muchos sacrificios por la guerra. Dejar entrar a los negros al sindicato sería un sacrificio en exceso.

Al terminar la guerra los esfuerzos por excluir a los negros del movimiento obrero se aceleraron. En los años cuarenta el sindicato de fogoneros negoció acuerdos que los excluían abiertamente. Y la discriminación no estaba limitada a unas cuantas industrias. "Incluye a muchos sindicatos en una amplia gama de oficios en industrias manufactureras, oficios calificados, ferrocarriles y oficios marítimos", escribió Herbert Hill, secretario del trabajo de la NAACP desde principios de los cincuenta hasta finales de los setenta.

El Sindicato Internacional de Marineros, que administraba las oficinas de empleo en los puertos de los Grandes Lagos, como Duluth, Chicago, Detroit, Cleveland y Buffalo, sólo contrataba negros para trabajos menores, como ayudante de cocina, en los barcos que operaban bajo contrato colectivo. La Fraternidad Unida de Carpinteros, uno de los sindicatos de la construcción más importantes, prefería importar obreros blancos de las ciudades vecinas antes que compartir oportunidades de trabajo con los negros locales.

Hasta bien entrada la década de 1960, cuando la Ley de Derechos Civiles terminó con la discriminación legal, la raza seguía pesando más que la solidaridad de clase en toda la economía estadounidense. Hill escribió: "La discriminación sindical es el factor decisivo que determina si los trabajadores negros de cierta industria tendrán la oportunidad de ganar lo suficiente para alimentar a sus familias". En 1960 aún no había negros en la rama local 26 de la Fraternidad Internacional de Trabajadores Eléctricos en Washington, D. C., que controlaba la contratación de electricistas en la capital. Después de las protestas de las organizaciones de derechos civiles, permitieron que James Holland, un electricista negro, trabajara en una instalación gubernamental. Las organizaciones laborales, concluyó Hill, eran "la expresión institucional del racismo de la clase obrera blanca".

Y, por cierto, los sindicatos no sólo discriminaban a los negros. En la Costa Oeste sistemáticamente excluían a los chinos de los trabajos. "El factor individual más importante en la historia de la clase obrera estadounidense", escribió Selig Perlman, fue la exclusión de "los obreros mongoles" de la fuerza laboral. Desde finales del siglo XIX hasta bien entrado el XX, el periódico de los Mineros Unidos de América advertía del "peligro amarillo" y de las "hordas de trabajadores negros, cafés, amarillos y a rayas [...] que no tienen la menor idea de lo que significa organizar a los trabajadores".

La Federación Americana del Trabajo, la organización obrera más grande de la primera mitad del siglo XX, fundada en 1886 como una alianza de sindicatos de oficios, trabajó con ahínco por garantizar que se aplicara la Ley de Exclusión de Chinos de 1882, la primera ley de inmigración racista en la historia de Estados Unidos. El presidente de la federación, Samuel Gompers, argumentaba que los chinos, "como raza, eran crueles y traicioneros". La ley iba a expirar en 1902, y en 1901 Gompers les recordó a los participantes de la convención anual lo que estaba en juego: "Cada culi que llegue va a desplazar a un estadounidense y a reducir el estándar de vida del país", dijo. Los chinos eran "totalmente incapaces de adaptarse a los ideales caucásicos de civilización". En su discurso para la convención de 1904 añadió que los obreros estadounidenses ya tenían suficientes problemas "sin tener que enfrentarse a la competencia debilitante, asesina, abaratadora e infrahumana de los chinos, ese pueblo sin agallas ni voluntad".

Para sorpresa de nadie, a los negros les costó trabajo aceptar a las organizaciones obreras que tanto se esforzaban por excluirlos. En 1902 W. E. B. Du Bois, un importante activista de los derechos de los afroamericanos, señaló que 43 sindicatos nacionales tenían exactamente cero miembros negros. Tres años después él y otros intelectuales negros formaron el Movimiento Niágara, precursor de la NAACP, que condenó la práctica de los sindicatos de "proscribir, boicotear y oprimir a miles de sus colegas sólo por ser negros".

Durante los años veinte a los negros no les molestaba fungir de esquiroles con tal de entrar a la industria ferrocarrilera. Se saltaban las barricadas para conseguir empleo de herreros, electricistas y maquinistas. Aunque las reglas sindicales los excluyeran de los trabajos mejor pagados, de inspectores o ingenieros, para finales de la década los negros habían duplicado su proporción de empleos en muchas industrias relacionadas con los ferrocarriles.

Los patrones explotaron la desconfianza racial. La United States Steel Corporation utilizó agresivamente a la raza para combatir los intentos de la AFL de organizar a la industria acerera después de la Primera Guerra Mundial. Reclutó a decenas de miles de afroamericanos y mexicanos ansiosos por conseguir trabajos que habían tenido prohibidos, para que cruzaran las barricadas y ayudaran a romper la Gran Huelga del Acero de 1919.

El Congreso de Organizaciones Industriales (Congress of Industrial Organizations, CIO,), que se separó de la Federación Americana del Trabajo en los años treinta, lo hizo mejor para los negros. A diferencia de los gremios de oficios afiliados a la AFL, los sindicatos del CIO organizaban en general a obreros con pocas habilidades específicas, que trabajaban en las líneas de ensamblaje de la nueva economía de producción en masa. Los negros constituían una parte importante de esa fuerza laboral. Organizarlos impuso una dosis de igualitarismo racial al movimiento obrero. En 1935, cuando se creó el CIO, había 150 mil obreros organizados. Al final de la Segunda Guerra Mundial eran 1.25 millones. En palabras de Du

Bois: "Tal vez ningún otro movimiento en los últimos 30 años haya tenido tanto éxito en suavizar los prejuicios raciales entre las masas".

Sin embargo, los prejuicios raciales seguían rampantes en los sindicatos industriales. En 1935 la Liga Urbana Nacional (National Urban League, NUL) y la NAACP eran extremadamente escépticas de la Ley Wagner. Esta ley establecía el derecho de los trabajadores a formar sindicatos para negociar contratos colectivos, y les preocupaba que permitiera a los sindicatos racistas excluir a los negros de muchos empleos. Incluso después de 1955, cuando se fusionaron la AFL y el CIO, las uniones de la nueva confederación solían excluir abiertamente a los afroamericanos, o los segregaban a ramas locales totalmente negras. En los acuerdos colectivos establecían líneas de antigüedad separadas por raza y les negaban la entrada a los programas de aprendices. Los negros reciprocaron: en 1960, 3 mil 100 obreros del Proyecto de Energía Atómica de Savannah River en Aiken, Carolina del Sur, votaron para decidir si querían que la Junta Nacional de Relaciones Laborales los registrara como agente negociador del departamento de oficios del metal de la AFL-CIO. Los 600 obreros negros votaron en bloque contra la certificación, con lo que condenaron al fracaso el esfuerzo del sindicato.

Como había predicho Engels, la hostilidad entre las organizaciones obreras y los afroamericanos sólo beneficiaba a sus adversarios. Consideremos el Plan Filadelfia, primer programa federal de acción afirmativa en el país, implementado originalmente durante la administración de Lyndon Johnson. El plan imponía a los contratistas de la construcción que trabajaran para el gobierno federal la obligación de incluir a miembros de minorías, en número acorde con la composición étnica de la zona.

Los líderes obreros lo odiaban. Así que el presidente Nixon lo acogió con entusiasmo. Su asesor, John Ehrlichman, reconoció en sus memorias que el plan metería una cuña entre los dos pilares de la coalición nacional del Partido Demócrata, y crearía "un dilema político para los líderes sindicales y los grupos de derechos civiles".

Esa táctica se insertó en una estrategia política más amplia, que ha definido al Partido Republicano hasta nuestros días. Junto con su conocida "estrategia sureña" para convertir a los demócratas del sur en republicanos explotando la animadversión racial, la estrategia de Nixon para el norte se basaba en instalar una cuña entre dos grupos tradicionales de electores demócratas: los afroamericanos y los obreros.

Si hay algo fallido en el análisis de Engels es su estrechez de miras. Las divisiones raciales no sólo han obstaculizado la conciencia de clase, también han bloqueado la solidaridad en general. La gran paradoja de Estados Unidos es que su diversidad excepcional —étnica y racial, religiosa y lingüística—, fuente de vitalidad incansable y de creatividad sin parangón, también ha limitado su desarrollo como nación. Ha socavado sus sindicatos y debilitado a su gobierno. Ha forjado la red de seguridad social más exigua del club de las naciones avanzadas. Y ha paralizado su política, y estancado la formulación de sus políticas públicas.

En 1938, en las honduras de la Gran Depresión, la Carnegie Corporation encargó al sociólogo sueco Gunnar Myrdal un estudio de la condición y prospectos de los negros estadounidenses. El presidente de Carnegie, Frederick Keppel, reconoció que no faltaban científicos sociales competentes en Estados Unidos, pero la corporación quería a alguien que no estuviera maleado por los conflictos raciales del país, alguien que ofreciera una mirada fresca a un problema que llevaba "casi cien años cargado de emociones". Escandinavia le pareció el lugar para encontrarlo, por ser una región de estándares intelectuales rigurosos, sin tradición imperialista, dado que ésta habría podido "reducir la confianza de los negros estadounidenses en la total imparcialidad del estudio y la validez de sus hallazgos".

Seis años después, en un tomo de más de mil 500 páginas de tipografía urgente y apretada, el profesor Myrdal ofreció su conclusión: "El problema de los negros en Estados Unidos representa un retraso moral en el desarrollo del país". En ese entonces, Myrdal no sabía cuánto pesaría esa deficiencia moral en el futuro de la nación. Pero 75 años después no ha aflojado su control, y ha construido el Estado más indiferente y menos empático de Occidente.

En *When Work Disappears: The World of the New Urban Poor*, publicado en los noventa durante la presidencia de Bill Clinton, el eminente sociólogo William Julius Wilson argumentó que las actitudes raciales de la época de Jim Crow seguían forjando las políticas públicas. "Los contribuyentes blancos se sentían forzados a pagar con sus impuestos los servicios médicos y legales [de otros], que muchos de ellos no podían conseguir para sus propias familias", escribió.

Y los estadounidenses dejaron que su sociedad se marchitara. Elijamos prácticamente cualquier medida de progreso social durante las últimas cuatro décadas, y veremos que por mucho que se vanaglorie de su grandeza, Estados Unidos en realidad va a la zaga del resto del mundo industrializado. Tal vez siga siendo el líder indiscutible en términos de poder bélico, crecimiento económico e innovación tecnológica, pero cuando se trata de medidas de salud y cohesión social, el panorama de la experiencia nacional es alarmante.

Es bien sabido que Estados Unidos gasta más en servicios médicos que cualquier otro país. Se sabe menos que a nivel mundial está en el lugar 51 en mortandad infantil, casi en el mismo que Croacia. Invariablemente está detrás de casi todos los demás países ricos, ya sea medido por la incidencia de diabetes y obesidad, o por su tasa de mortandad por parásitos y otras infecciones, o por los años perdidos por muerte prematura. "En prácticamente todos los indicadores de mortandad, supervivencia y experanza de vida, Estados Unidos está en el fondo o cerca del fondo entre los países de altos ingresos", es el lamento en un informe publicado en 2013 por el Consejo Nacional de Investigación y el Instituto de Medicina, que llevaba el deprimente título: "Salud en EUA con una perspectiva internacional: Vidas más cortas, peor salud". Y ha empeorado desde entonces. La esperanza de vida al nacer de los varones blancos disminuyó en 2015 y en 2016.

La quinta parte de los niños estadounidenses viven en hogares pobres, en comparación con tan sólo 3% en Dinamarca. En Estados Unidos, las adolescentes tienen más bebés que en la mayor parte del mundo desarrollado, casi tres veces más que en Francia, y más de uno de cada cuatro niños en el país vive con un padre o madre soltera, por mucho el porcentaje más alto entre los países industrializados.

Lo más desconcertante es cómo hicimos para perder tanto terreno. Entre los 36 países que comprendían la Organización para la Cooperación y el Desarrollo Económicos (OCDE), un grupo líder de países industrializados, la esperanza de vida de las niñas nacidas en Estados Unidos cayó del lugar 13 en 1980 al 30 en 2017. Mientras que en la tasa de titulación de la OCDE las personas mayores de 55 a 64 años ocupan el tercer lugar, la de sus hijos, de 25 a 34 años, cayó al lugar 12, en parte debido al rápido crecimiento de logros educativos de los demás países miembros.

Gran parte de lo anterior es mera consecuencia de la arraigada pobreza en Estados Unidos, la más profunda que se haya registrado entre países avanzados. Los bebés blancos, hijos de madres casadas con educación universitaria, tienen una mortandad similar a los de los países europeos desarrollados. Los que mueren prematuramente son los de las mujeres pobres y menos educadas. En el condado de Marin, California, uno de los rincones más ricos del país, al nacer, la esperanza de vida de las mujeres es de 85 años, entre las más altas del mundo. En el condado de Perry, Kentucky —justo al norte de Harlan, donde las vitrinas vacías y las minas de carbón abandonadas cuentan la brutal historia del vertiginoso declive de la Appalachia—, las bebés nacen con una esperanza de vida de sólo 74 años. Eso es menos que en Argelia y Bangladesh. Y las carencias no se confinan a las comunidades de color. Nueve de cada 10 residentes de ese condado son blancos no hispanos.

Asombra cómo se ha permitido que la pobreza desgarre de esa manera a la sociedad estadounidense. Las barreras de clase y, crucial, las de raza han impedido la construcción de una red de seguridad capaz de mitigar las disfunciones sociales. En *Fighting Poverty in the US and Europe: A World of Difference*, los economistas Alberto Alesina y Edward Glaeser aplicaron técnicas estadísticas para averiguar cómo las diferencias en la composición racial, étnica, lingüística y religiosa podían afectar el gasto público en Europa occidental y Estados Unidos.

No hay duda de que Europa tiene una estrategia de seguridad social más generosa. Incluso después de que la Ley de Cuidado de Salud Asequible (Affordable Care Act, ACA) —también conocida como Obamacare— expandiera los servicios médicos a decenas de millones de estadounidenses sin seguro médico, el gasto público social —pensiones, desempleo, servicios médicos, programas contra la pobreza— suma menos de 19% del PIB. En contraste, el gobierno francés gasta más de 31% de su PIB en esa clase de bienes sociales; los alemanes, 25%; los suecos, poco más de 26%. Los profesores Alesina y Glaeser concluyeron que aproximadamente la mitad de la brecha en estos gastos entre Europa y Estados Unidos podía explicarse por la mezcla de razas y etnias más diversa en el segundo, que obstaculiza la solidaridad.

La tacañería del contrato social estadounidense no sólo es evidente en sus míseros programas sociales. El salario mínimo federal lleva décadas hundido en su punto más bajo. Las normativas laborales hacen poco por proteger a los trabajadores de patrones ansiosos por exprimirles hasta el último centavo, mientras que las leyes laborales diseñadas para evitar negociaciones colectivas los privan de su voz. Los estudiantes pobres y minoritarios se ven despojados de oportunidades por un sistema de educación pública que dedica muchísimos más recursos a sus hermanos y hermanas blancos y ricos. Incluso la infraestructura física —las carreteras y puertos y las redes de transporte público— se ha dejado pudrir en un país sin interés alguno por invertir en el bien común.

Los estadounidenses no necesariamente son menos generosos que los europeos. De hecho, el gasto en caridad es mucho más robusto en Estados Unidos. Pero la filantropía no es lo mismo que financiar bienes públicos. Los donantes son quienes eligen qué metas y qué personas merecen su generosidad. Suelen preferir financiar un estadio en su *alma mater* que viviendas para los pobres. Financian sus teorías preferidas sobre bienestar social —escuelas *charter* (privadas con subvención pública), un ingreso básico universal— en vez de apoyar a las instituciones públicas que se sustentan en las elecciones democráticas de las que depende la mayoría de los países avanzados para construir sociedades cohesionadas. Y la largueza privada también está contaminada por la hostilidad racial. Una investigación del economista Daniel Hungerman descubrió que en las iglesias con congregaciones exclusivamente blancas la caridad se vuelve menos activa conforme aumenta la proporción de habitantes negros en la comunidad local.

Por supuesto, los prejuicios étnicos y raciales no son invención de Estados Unidos. En la década de los noventa los economistas William Easterly y Ross Levine, que en ese entonces trabajaban en el Banco Mundial, publicaron un artículo seminal en el que remontaban el funesto desempeño económico de los países del África subsahariana al impacto de la fragmentación étnica en la polarización social. "Las sociedades polarizadas —escribieron— son proclives a la búsqueda competitiva de rentas entre los distintos grupos, y tienen dificultades para alcanzar acuerdos sobre los bienes públicos." No sólo era probable que se quedaran estancados con sistemas públicos malos o débiles de educación, infraestructura y finanzas, también se frenaban la estabilidad y el crecimiento porque los grupos en competencia luchaban por apropiarse de las rentas económicas a expensas de sus rivales.

El Estado balcánico de Yugoslavia no era un país grande. Su población alcanzó unos 25 millones de habitantes. Pero en 1991, pocos meses antes de la caída formal de la Unión Soviética —el poder que mantenía unido a Europa del Este—, esa república multiétnica y multicultural explotó en una sucesión de guerras nacionalistas que enfrentaron a serbios ortodoxos, croatas católicos, bosnios musulmanes y albanos en una década de sangrientos conflictos étnicos. Yugoslavia acabó dividida en siete países distintos: Serbia, Croacia, Bosnia y Herzegovina, Eslovenia, Montenegro, Kosovo y Macedonia del Norte.

La diversidad étnica no siempre ha llevado a la guerra, pero inevitablemente ha dejado su huella en el gobierno. Los economistas Jan-Egbert Sturm y Jakob de Haan estudiaron más de 100 países en todas las regiones del mundo, evaluando la relación entre el fraccionamiento étnico y lingüístico de la población y la magnitud de la redistribución gubernamental, medida por el grado en que los impuestos y transferencias del gobierno reducían la desigualdad de ingresos. En países con economías de mercado y poblaciones relativamente homogéneas encontraron una mayor redistribución de ingresos. En cambo, sin importar su sistema de organización económica, los países con mayor diversidad tenían una redistribución menor.

Aceptar el Estado de bienestar requiere un sentido de solidaridad en toda la sociedad. ¿De qué otra manera podría una persona aceptar pagar impuestos para financiar algún programa que beneficie a niños ajenos, menos privilegiados? El punto que más se enfatiza en la investigación de Alesina y Glaeser es que esta solidaridad es difícil de mantener a través de barreras étnicas y raciales, y Estados Unidos tiene más de ellas que países más homogéneos, como Francia y Suecia.

En su forma más básica, las divisiones raciales pueden destruir la empatía. El economista Erzo Luttmer ha analizado sistemáticamente, distrito por distrito, sondeos de actitudes de la gente hacia la redistribución. Su conclusión es contundente: en general, las personas quieren ayudar a la gente que se le parece.

> Que haya un beneficiario negro adicional de la seguridad social en la propia localidad reduce el apoyo de los encuestados no negros a los programas de bienestar, pero tiene poco efecto en los encuestados negros [...] Por el contrario, un beneficiario adicional no negro reduce el apoyo de los negros, pero tiene poco efecto en los no negros.

Este obstáculo racial a la generosidad ha configurado las instituciones estadounidenses. Un estudio de los primeros años del siglo XXI conducido por Alesina y su colega Eliana La Ferrara mostró que la diversidad racial en las comunidades del país reduce la participación en toda suerte de grupos, desde iglesias hasta clubes juveniles. La proporción de gasto del gobierno local en servicios públicos —tratamiento de aguas residuales, recolección de basura, educación, carreteras, bibliotecas— también suele ser más baja en las ciudades y condados con mayor diversidad. Como Alberto Alesina, William Easterly y Reza Baqir escribieron en otro estudio de años previos: "El conflicto étnico es un determinante importante de las finanzas públicas locales".

Hace años, el economista veterano James Poterba encontró que el gasto en educación pública disminuía en municipios con población de más edad. No fue un descubrimiento sorprendente. Tiene sentido que las personas mayores sin hijos se despreocupen de las escuelas públicas. Probablemente prefieran que sus impuestos se gasten en, digamos, atención médica para los ancianos. Lo sorprendente del estudio fue que el gasto en educación cayó más en lugares donde los ancianos eran de una etnia distinta a la de la población en edad escolar.

Otro estudio notable de Alesina, Baqir y Caroline Hoxby analizó cómo la diversidad de las jurisdicciones políticas —municipios, distritos escolares y demás— podría afectar su tamaño. Un distrito escolar grande disfruta los beneficios de su economía de escala. Puede distribuir sus costos administrativos en un plano más amplio. Sus bibliotecas e instalaciones deportivas atienden a más estudiantes. Pero el tamaño puede tener su costo: distintas personas suelen tener preferencias diferentes. Al elaborar planes de estudio y métodos de enseñanza, los grandes distritos escolares tienen que sortear las exigencias dispares de una gama de familias más amplia. Entre más diversa la población, más difíciles serán esos acuerdos.

Los economistas confirmaron que los votantes son menos propensos a creer en los beneficios del tamaño cuando viven en zonas más diversas: prefieren vivir en una pequeña ciudad homogénea que en una más grande y más diversa. Y de todas las variables que estudiaron —ingresos, religión, raza, etnia— la que más importó fue la raza. "Parece que la gente está más dispuesta a hacer sacrificios, en términos de economía de escala, para evitar la heterogeneidad racial en su jurisdicción", escribieron.

Los politólogos Rodney Hero y Morris Levy han añadido un par de giros al análisis. Usando datos de censos desde 1980 hasta 2010, descubrieron que, manteniendo lo demás constante, la desigualdad creciente entre grupos raciales reduce el apoyo a programas estatales de asistencia social que redistribuyen los ingresos de los que más tienen a los que tienen poco. Un aumento de 1% en la proporción de desigualdad de ingresos a causa de inequidades raciales aparecía asociado con una disminución del gasto anual de TANF, el principal programa de transferencias del país, equivalente a 150 dólares por persona en situación de pobreza.

La ampliación de la distancia social entre los grupos étnicos de Estados Unidos no sólo está socavando su tolerancia a la asistencia social, también mina el apoyo a una amplia gama de bienes públicos y erosiona la creencia en bienes compartidos. En un estudio subsecuente Brian Yeokwang An, Hero y Levy encontraron que el gasto municipal en hospitales, policías, bomberos, parques y demás también se veía afectado al aumentar la desigualdad racial. "Es evidente que hay un vínculo entre la desigualdad a nivel local y el suministro de bienes públicos que no se consideran racializados y cuyo propósito explícito no es la redistribución de ingresos." Eso pone a Estados Unidos en un dilema peculiar. Dado que medio siglo después de la aprobación de la Ley de Derechos Civiles la desigualdad de ingresos entre grupos raciales no ha cambiado, será difícil construir un país con propósitos compartidos sobre una distribución de oportunidades tan asimétrica.

No es ningún secreto que la hostilidad racial ha conformado la geografía residencial del Estados Unidos contemporáneo. Cuatro millones de negros escaparon del sur entre 1940 y 1970 para ir a buscar empleo en el norte y el oeste, más industrializados. El éxodo aumentó la proporción de negros en las ciudades norteñas y occidentales, de apenas 4% en 1940, a 16% en 1970. También convenció a muchos blancos de marcharse: durante ese periodo la ciudad mediana fuera del sur perdió 10% de su población blanca. La economista Leah Platt Boustan estimó que por cada negro que llegaba a las ciudades fuera del sur, 2.7 blancos se mudaban de los centros urbanos a los suburbios.

Esto reconfiguró la geografía de las oportunidades. En gran parte del país, muchos bienes públicos, incluyendo, sobre todo, la educación primaria y secundaria, se financian localmente. La segregación residencial automáticamente definió el acceso educativo según las fronteras raciales. Aunque los gobiernos federales y estatales supuestamente debían complementar los limitados recursos locales disponibles a las minorías urbanas pobres, la hostilidad racial volvió a silenciar la respuesta del gobierno.

Pensemos en la famosa promesa de Bill Clinton durante la campaña presidencial de 1994: "Terminar con el *welfare* como lo conocemos". Como ya lo mencioné, su reforma terminó con el derecho legal de los pobres a apoyos gubernamentales. Reemplazó el programa contra la pobreza creado por Franklin D. Roosevelt durante lo peor de la Gran Depresión, con una subvención en bloque a los estados, que obtuvieron la libertad de establecer sus propios programas con sus propios criterios y límites, para dar la asistencia que consideraran apropiada.

No pretendo imputar una intención racista al presidente Clinton, quien tenía una base sólida de apoyo entre los votantes negros. Pero el reajuste de la seguridad social sí tuvo trasfondos raciales, motivados en gran parte por la creencia de que la asistencia gubernamental a las madres necesitadas desalentaba el empleo y el matrimonio entre los afroamericanos, y fomentaba que las madres negras tuvieran bebés fuera del matrimonio.

El cambio de política afectó a los negros de todo el sur. El politólogo Richard Fording concluyó que la composición racial de los estados influyó directamente en las condiciones impuestas a la distribución de apoyos: los que tenían muchos beneficiarios negros eran mucho más propensos a añadir requerimientos de empleo a la asistencia gubernamental, a imponer límites estrictos a la cantidad de tiempo durante la que podían recibir beneficios y a incluir cláusulas que terminaran con las conductas "irresponsables" de los pobres.

El programa TANF, que reemplazó los derechos que tenían los pobres con el New Deal, es decididamente menos generoso en estados con mayor población negra. En Luisiana, por ejemplo, sólo 4% de las familias pobres recibió beneficios del programa en 2014. En Vermont, fue 78%. En Misisipi, los beneficios del programa tienen un límite de 170 dólares al mes para una familia de tres con un padre o madre soltero, la sexta parte del beneficio máximo en New Hampshire. Académicos del Urban Institute encontraron que el techo de los beneficios es 6% más bajo en estados donde la población afroamericana es 5% mayor que el promedio, con todo lo demás constante. En 25 estados que albergan a 56% de los afroamericanos, pero sólo a 46% de los blancos no hispanos, las transferencias del programa llegan a menos de una de cada cinco familias en situación de pobreza.

La gente se inventa historias para justificar sus preferencias. Un experimento conducido por el politólogo Martin Gilens preguntaba a la gente su opinión sobre una madre que viviera de la asistencia social. ¿Se esforzaría por conseguir trabajo o tendría otro niño para conseguir un cheque más grande? A la mitad le dijeron que la madre era negra; a la otra, que era blanca. Para sorpresa de nadie, se mostró la propensión a opinar que la madre negra era floja y que estaba dispuesta a abusar del Estado de bienestar. También, que los meros términos "asistencia social" y "vales de despensa" hacen que los estadounidenses blancos piensen en negros.

Esto ha bloqueado la construcción de un Estado de bienestar estadounidense. John Roemer, economista y politólogo, argumenta que algunos votantes se oponen a las transferencias gubernamentales para los menos afortunados porque creen que los beneficiarios no se las merecen. Pero incluso los que normalmente creen en la redistribución, podrían votar por republicanos anti Estado de bienestar, sólo porque comparten su aversión racial.

Juntos, estos sesgos inclinan la balanza a favor del Partido Republicano y contra los esfuerzos por aumentar los impuestos para financiar el gasto público. En un estudio reportado junto con el economista coreano Woojin Lee, Roemer estimó que entre mediados de los setenta y principios de los noventa la hostilidad racial del electorado redujo la preferencia de votos de los demócratas entre 5 y 38%. También redujo la tasa de impuesto sobre la renta entre 11 y 18 por ciento.

Ese sesgo no sólo afectó a los negros pobres, también a todos los estadounidenses. En un artículo titulado "*E Pluribus Unum*: Di-

versity and Community in the Twenty-First Century", el sociólogo Robert Putnam comentó que las divisiones raciales socavan
directamente la confianza de la población. "En los entornos más
diversos, los estadounidenses no sólo desconfían de la gente que
no se les parece, sino incluso de la gente que sí." Y añadió: "La
diversidad no parece activar una división entre quien está dentro y
quien está fuera del grupo, sino una anomia o aislamiento social".
Eso sucede en barrios ricos y pobres, en comunidades con mucho
y poco crimen.

Lo crucial es que la hostilidad racial no sólo privó de la asistencia gubernamental a los estadounidenses negros que la requerían,
sino también a los blancos pobres que podrían haberse beneficiado
de la ayuda del gobierno. Una aversión profunda a los bienes públicos, con profundas raíces en en la hostilidad racial, privó a todos
los estadounidenses de la asistencia pública que es normal en las de-
mocracias avanzadas con economía de mercado que Estados Unidos
considera sus iguales.

La oposición al gasto en bienestar social no sólo es cuestión de
raza. Desde principios del siglo XIX Estados Unidos está rezagado
respecto a otros países ricos en lo que concierne a brindar transferencias a los pobres y seguridad social a la clase media. Fue el último
país del mundo desarrollado en ofrecer compensaciones a los trabajadores por accidentes laborales, el más retrasado en proporcionar
pensiones a los viejos y seguro de desempleo. En realidad, nunca
ha brindado un servicio de salud verdaderamente universal, como
ocurre en el mundo desarrollado, donde es una institución común.

Desde finales de la Guerra Civil hasta gran parte del siglo XX la
clase obrera estadounidense exigió poca asistencia gubernamental,
porque la dinámica económica le ofrecía una oportunidad clara de
prosperar. En tiempos de Sorge, incluso Engels reconocía que, en
Estados Unidos, los trabajadores —por lo menos los blancos— tenían una mayor oportunidad de escapar a su destino que en Europa, donde la añeja y rígida estructura de clases constituía un muro
formidable contra la movilidad social. Millones de inmigrantes
europeos empobrecidos reforzaban el argumento. Cruzaban el

Atlántico para que sus hijos y nietos tuvieran una vida mejor en la tierra de las oportunidades.

Los estadounidenses prefirieron la educación pública. Su ética protestante bien arraigada apoyaba una visión meritocrática de la virtud basada en el esfuerzo personal. Y Estados Unidos no sufrió el pasado feudal de Europa, con su aristocracia terrateniente terminantemente opuesta a un sistema de educación pública que hiciera que sus siervos tuvieran mejores oportunidades fuera de la tierra, en una economía industrial en crecimiento.

En el Estados Unidos de los años cincuenta es probable que los pobres no tuvieran las mismas oportunidades que los ricos, pero en comparación con el viejo continente, parecía un modelo de igualdad. En 1958 la probabilidad de asistir a la universidad era cinco veces mayor para las personas de clase alta que para sus compatriotas rurales de la clase más baja. Pero en Alemania esa probabilidad era 61 veces más alta que la de los pobres, y en Suecia, ir a la universidad era 26 veces más probable entre las clases acomodadas que entre las necesitadas.

Las mismas fuerzas que apoyaban la educación como herramienta para mejorar el destino de los pobres rechazaban la asistencia pública por ser una vía hacia la dependencia y la pereza. Con acceso a mayores oportunidades, incluso los estadounidenses pobres eran menos propensos a apoyar impuestos a los ricos para financiar beneficios sociales, sobre todo si creían que algún día podrían ganarse ese lugar.

Mientras que gran parte de Europa tuvo que lidiar con partidos obreros socialistas que proponían alternativas a la economía de mercado, el capitalismo desenfrenado nunca tuvo mucho que temer de la izquierda ideológica en Estados Unidos. A diferencia de Gran Bretaña, no tuvo que lidiar con una Revolución francesa en el país vecino que les ofreciera a los desposeídos la opción de la rebelión como alternativa al *statu quo*. Los líderes estadounidenses nunca enfrentaron el riesgo de agitación social que persuadió al canciller alemán Otto von Bismarck a lanzar los primeros programas de seguridad social del mundo a finales del siglo XIX, incluyendo pensiones a los ancianos y seguro médico contra enfermedades y lesiones en el trabajo.

Para los estadounidenses, la revolución obrera que dio origen a la Unión Soviética en el flanco oriental de Europa era poco más que una abstracción desagradable. Sin el reto de formas alternativas de organización social, el capitalismo estadounidense floreció en su versión más desinhibida. Aquí, los argumentos que empujaron a los países europeos a construir redes de seguridad social robustas nunca ganaron mucha fuerza. Empapados de hostilidad racial, mantuvieron los prejuicios contra un Estado redistributivo.

Para los liberales estadounidenses, han existido pocos héroes más grandes que Franklin D. Roosevelt, el arquitecto del moderno Estado de bienestar. Su New Deal, en ruptura con el gobierno tacaño de su predecesor, Herbert Hoover, desplegó el poder gubernamental para combatir la devastación causada por la Gran Depresión y puso los cimientos sobre los cuales reformular la idea misma del gobierno como garante del bienestar de los gobernados.

Hasta entonces, los estadounidenses habían vivido sin mucha red de protección que digamos. Para 1920, 40 estados habían establecido pensiones de maternidad para los niños sin padre. La mayoría tenía alguna forma de indemnización para las lesiones laborales. Pero difícilmente se trataba de programas generosos. Incluso después de la Primera Guerra Mundial, la asistencia pública era tarea casi exclusiva de las ciudades y las beneficencias privadas. Se concebía como una ayuda preventiva: mandar a los pobres al hospicio era una táctica para prevenir el "pauperismo". La asistencia federal como la que hoy enciende sangrientas batallas ideológicas sobre el propósito y los límites del gobierno simplemente no existía.

Cuando llegó la Gran Depresión, la estrategia de Hoover para mitigar los efectos de la economía en quiebra fue deportar "mexicanos" —a cualquiera que tuviera un apellido que le sonara mexicano—, con el supuesto fin de despejar empleos para los trabajadores estadounidenses.

Luego llegó el New Deal. La creación de Roosevelt puso a trabajar a millones de estadounidenses desamparados, mandándolos a construir carreteras para la Administración de Progreso de Obras (Works Progress Administration, WOA) o presas para la Autoridad del Valle del Tennessee. La Ley Nacional de Relaciones Laborales aprobada en su gobierno establecía el derecho de los trabajadores a formar sindicatos, ir a huelga y sostener negociaciones colectivas. La Ley de Normas Laborales Justas estableció el primer salario mínimo nacional. La Ley de Seguridad Social no sólo garantizó pensiones para los ancianos, también ofreció indemnizaciones a los desempleados y financiamiento federal complementario para iniciativas estatales de salud pública, asistencia maternal e infantil, y asistencia a los ciegos. Cincuenta años después de su aprobación, el vocero demócrata de la Cámara, Thomas P. O'Neill, dijo que "sin esa protección, la mitad de esa gente estaría viviendo en la pobreza". En 1932, un año antes de que Roosevelt asumiera la presidencia, los ingresos del gobierno federal eran 2.8% del PIB. Para 1941, antes de que Estados Unidos entrara a la Segunda Guerra Mundial, la cifra había alcanzado 7.5%. En 1945, cuando el presidente murió en funciones, llegó a 19.9% del PIB, más o menos el mismo de hoy.

Sin embargo, a pesar de lo que prometía, incluso este periodo seminal en la historia del progresismo estadounidense quedó manchado por la desconfianza racial. Que ese racismo haya bloqueado el primer gran salto liberal a la formulación de políticas públicas es algo que a los liberales del país todavía les cuesta digerir. Ofende a quienes creen en la gran alianza de trabajadores y trabajadoras, inmigrantes y minorías raciales y de otro tipo, que se unen para enfrentar a los conservadores y sus aliados corporativos. Pero la raza le dio forma al New Deal.

Consideremos la expulsión en masa de mexicanos. A partir de 1929, cuando la Gran Depresión puso a los estadounidenses a buscar un chivo expiatorio, expulsaron del país a cientos de miles de personas de origen mexicano, hasta dos millones, según algunos cálculos. Los agentes hacían redadas en los lugares de trabajo y en las plazas públicas, arrestando y deportando a quien pareciera mexicano: más chaparro, que hablara español, moreno. Los trabajadores sociales tocaban a la puerta de los chicanos, los amenazaban con quitarles la poca asistencia pública que recibieran y les ofrecían boletos para "volver a casa".

Hoover sentía una enorme presión política por aliviar el desempleo rampante. Como no quería aumentar el gasto federal para estimular la economía, culpar a los morenos le pareció una alternativa razonable. En su libro *Decade of Betrayal: Mexican Repatriation in the 1930s*, Francisco Balderrama y Raymond Rodriguez describieron cómo William Doak, el secretario del trabajo del presidente Hoover, "instigó una venganza personal para deshacerse de los mexicanos". Sus motivos eran políticos: "Crear una distracción para contrarrestar la actitud hostil del movimiento obrero" hacia la administración.

En una entrevista de 2015 con la Radio Pública Nacional (NPR), Balderrama señaló que "sin importar si eran ciudadanos estadounidenses o si eran mexicanos, para Estados Unidos —es decir, para sus funcionarios públicos, para sus líderes industriales— todos eran mexicanos. Así que había que mandarlos a casa". Y eso siguieron haciendo hasta 1936, ya bien entrada la presidencia de Roosevelt.

Los negros rurales no recibieron mejor trato. Como señaló el sueco Myrdal:

> De todas las calamidades que han asolado a la población negra rural en el sur en décadas recientes —erosión del suelo, infiltración de arrendatarios blancos en zonas de plantaciones, los estragos del gorgojo de algodón, la migración del cultivo de algodón hacia el suroeste—, ninguna ha tenido consecuencias tan graves, o amenaza con tener un efecto tan duradero, como la combinación de las tendencias agrícolas mundiales y la política agrícola federal iniciada en los años treinta.

Nadie pensó en los negros cuando la Administración de Ajuste Agrícola (Agricultural Adjustment Administration, AAA) decidió pagar a los terratenientes para dejar de cultivar sus tierras, en un intento desesperado por levantar los precios de los productos agrícolas y mantener a flote a los granjeros endeudados. En ese entonces, alrededor de 40% de los trabajadores afroamericanos se ganaba la vida de la tierra, como jornaleros y arrendatarios de terratenientes blancos.

Sus parcelas fueron las primeras en salir de la producción. Entre 1933 y 1934 las políticas de la AAA forzaron a más de 100 mil arrendatarios negros a dejar la tierra. Y los terratenientes blancos se quedaron con casi todas las compensaciones que el gobierno federal les ofreció.

Las divisiones raciales infiltraron todas las iniciativas del New Deal. A la Administración Federal de Vivienda, creada en 1934, se la suele elogiar por expandir la propiedad de viviendas con garantías federales para asegurar las hipotecas de estadounidenses con medios limitados. Pero también contribuyó a la práctica estadounidense de "trazar líneas rojas":[1] se negó a garantizar préstamos en barrios predominantemente negros y excluyó a los negros del sueño americano de tener casa propia.

El Cuerpo Civil de Conservación ofrecía a jóvenes no calificados en trabajos de preservación de la naturaleza en terrenos gubernamentales; sus campamentos estaban segregados por la raza. Los códigos laborales establecidos por la Administración Nacional de Recuperación permitían a las empresas ofrecer empleos primero a los blancos y autorizaban rangos más bajos de salario para los negros. Sus funcionarios argumentaban que era por su propio bien. Si exigieran el mismo trato que los blancos, se quedarían sin trabajo.

Los afroamericanos no quedaron totalmente excluidos de la asistencia. Para 1935 un tercio de todos los negros, unos 3.5 millones de personas, estaban recibiendo apoyo de la Administración Federal de Ayuda de Emergencia, establecida en 1933 para ofrecer programas de empleo acordes con sus recursos, de asistencia directa a los pobres, de cuidados temporales y otros. Un estudio gubernamental de principios de los años treinta encontró que los negros conformaban 20% del padrón de la asistencia pública, y sólo 10% de la población.

Harold Ickes, un exlíder de la rama de Chicago de la NAACP que ingresó al gabinete de Roosevelt como secretario del interior, para supervisar muchos de los programas del New Deal, invirtió fondos federales en escuelas y hospitales para negros del sur. Estipuló que

---

[1] *Redlining*: medidas que excluyen de beneficios y servicios a las minorías raciales.

los contratistas federales de la agencia tenían que contratar a un porcentaje de negros al menos tan alto como su proporción de empleos registrada en el censo ocupacional de 1930. La WOA —la agencia más grande del New Deal, que dio empleo a millones de hombres no calificados para que construyeran carreteras, puentes, museos y parques de juegos infantiles— se esforzó por incluir obreros negros y, en el norte, incluso contrató a supervisores negros. En 1939 la revista *Opportunity*, de la Liga Urbana Nacional, señaló que en el norte esa agencia dio a los negros su "primera oportunidad real de empleo en profesiones de cuello blanco".

Los negros respondieron en reciprocidad. En 1936 sólo 28% de los afroamericanos votó por la planilla republicana, la mitad de los que habían votado por el republicano Herbert Hoover contra Roosevelt cuatro años atrás. "Los ejércitos de negros desempleados se han mantenido arriba del nivel de casi inanición en el que vivían con el presidente Hoover", señaló el diario negro *The Pittsburgh Courier* en enero de 1936. La discriminación contra los jornaleros y otros trabajadores negros persistió. Pero, planteó el diario, "¿qué administración que recordemos ha hecho un mejor trabajo en ese sentido, considerando el material humano tan imperfecto con el que tuvo que trabajar?"

Hay pocos indicios de que Roosevelt compartiera los prejuicios prevalentes entre los blancos del sur que conformaban el núcleo del Partido Demócrata. La primera dama, Eleanor Roosevelt, se mantuvo como voz potente contra la discriminación racial durante toda la administración de su esposo e incluso después de su muerte. Sin embargo, Roosevelt dependía del voto de los blancos sureños para que su legislación pasara en el Congreso, y, en consecuencia, desafiaba sus prejuicios sólo cuando no tenía otra opción. Los programas del New Deal que ofrecían oportunidades a los afroamericanos en el norte, en el sur los discriminaban por rutina con peores empleos y tabuladores más bajos. Como señaló el historiador Harvard Sitko en su libro *A New Deal for Blacks*, la "administración de Roosevelt perpetuó más la discriminación y segregación heredada de décadas previas de lo que que las contrarrestó".

Los negros acabaron por entender el mensaje: sólo la amenaza de movilizaciones masivas movería al presidente a apoyar su causa abiertamente.

Los servicios armados discriminaban sin reservas: en 1940, había 4 mil 700 negros en un ejército de medio millón de efectivos. No había un solo afroamericano en la Infantería de Marina, ni en el Cuerpo de Tanques o en el de Señales. A los negros los entrenaban en campamentos segregados y les asignaban tareas de apoyo, como cavar trincheras y cocinar. Cuando Roosevelt expresó la posibilidad de la desegregación, George Marshall, el jefe de personal del ejército, respondió que no era "momento de experimentos críticos que inevitablemente tendrían un efecto muy destructivo en la moral". En una ocasión Frank Knox, el secretario de Marina, le dijo rotundamente al presidente que la desegregación en ese cuerpo era imposible porque negros y blancos tendrían que compartir los abarrotados camarotes de un barco: "En nuestra historia, no aceptamos negros en el personal de barcos".

Las compañías de defensa también les cerraron las puertas a los afroamericanos; cientos de miles de empleos eran exclusivos de los blancos. En Kansas City, la compañía Standard Steel informó a la NUL "No hemos tenido un trabajador negro en 25 años, y no planeamos empezar ahora". Incluso los programas gubernamentales de capacitación los excluían, argumentando que tratar de capacitarlos sería un desperdicio de tiempo y dinero.

Llovían bombas alemanas en Gran Bretaña en 1940 cuando Roosevelt por fin aceptó desplegar la potencia industrial de Estados Unidos para producir materiales bélicos para su aliado asediado al otro lado del Atlántico. Fue el desarrollo industrial más masivo que se había visto en el país, que hoy es reconocido por acabar por fin con una década de depresión económica. Para participar en esa oportunidad sin precedentes, los líderes negros iban a tener que jugar rudo.

Al principio lo intentaron por las buenas y cortésmente solicitaron una cita al presidente. Pero cambiaron de táctica cuando Roosevelt los ignoró: A. Philip Randolph, el carismático líder obrero que saltó a la fama nacional al organizar a los botones negros de los vagones-dormitorio, captó la atención del presidente con la amenaza de llevar a 100 mil negros a marchar a Washington el 1 de julio de 1941. "Queremos algo concreto, algo tangible, positivo y afirmativo", exigió cuando el presidente por fin aceptó un encuentro. Randolph no consiguió todo lo que quería: las fuerzas armadas siguieron segregadas. Pero sí logró que Roosevelt firmara el Decreto 8802, enfocado en prohibir la discriminación en la industria de la defensa. Para gran alivio del presidente, la marcha se canceló justo a tiempo.

Los negros se enfrentaban a un adversario formidable: los demócratas del sur. Tanto temor tenía Roosevelt de enemistarse con ellos que se negó a usar el poder de su puesto para acabar con uno de los legados más barbáricos del pasado esclavista: los linchamientos. Según la NAACP, en Estados Unidos, entre 1882 y 1968, más de 4 mil 700 personas fueron linchadas, la mayoría de ellas negras. Tan sólo en 1933 las turbas de blancos enfurecidos asesinaron, colgaron o quemaron en la estaca a 28 negros. Y aun así, en 1934 Roosevelt no metió las manos al fuego por un proyecto de ley antilinchamientos que tenía el apoyo del Comité Judicial del Senado. "A causa de la regla de antigüedad en el Congreso, los sureños ocupan las presidencias y otros puestos estratégicos en la mayor parte de los comités del Senado y la Cámara de Representantes", le dijo a Walter White, líder de la NAACP. "Si ahora apoyo el proyecto de ley antilinchamientos, bloquearán todos los proyectos de ley que presente a la aprobación del Congreso para evitar que Estados Unidos colapse. Simplemente no puedo correr ese riesgo." En cambio, dejó que los sureños en el Senado lo sofocaran, al rehusarse a presentarlo a votación. Estados Unidos nunca aprobó una ley parecida. De hecho, en muchas ocasiones desde 1882, el Congreso ha intentado pasar una ley antilinchamientos, siempre en vano. Y la Cámara no ratificó el proyecto de ley aprobado por el Senado en diciembre de 2018, que definía los linchamientos como crímenes de odio de nivel federal.

¿Qué tanto podemos culpar a Roosevelt por tolerar las injusticias raciales, aceptar la violencia racial y perpetuar la desigualdad racial? En los años treinta era atemorizante tocar temas de raza. Tan sólo acabar con la segregación en la industria de la defensa causó una oleada de malestar social en tanto los blancos del norte se amotinaban para impedir que los negros se mudaran a sus ciudades en busca de los nuevos empleos. En 1943 la mudanza de familias negras a un proyecto de vivienda cercano a un barrio polaco de Detroit detonó dos días de altercados que terminaron con 34 muertos, 25 de ellos negros.

Al parecer, desde su perspectiva, Roosevelt tuvo que elegir entre luchar por la igualdad racial o construir un Estado de bienestar dentro de los límites de un sistema político racista. Aunque la historia pueda perdonar su renuencia, no hay duda de que la raza limitó su legado. Reticente a cruzar barreras raciales, construyó un Estado de bienestar que sigue lastrado por los prejuicios que no logró superar.

Hay una controversia sobre por qué los programas más cruciales establecidos por la Ley de Seguridad Social de 1935 y la Ley de Normas Laborales Justas aprobada tres años después excluyeron a las trabajadoras domésticas y a quienes laboraban en las granjas. Algunos académicos han argumentado que habría sido poco realista incluir a personas cuyos lugares de trabajo fueran tan difíciles de vigilar y cuyos ingresos fueran tan difíciles de rastrear y gravar. De todos modos, como argumentó enérgicamente la NAACP, esa decisión excluyó a aproximadamente dos tercios de los trabajadores negros. Como le dijo Charles Houston, miembro del consejo de la asociación, al Comité de Finanzas del Senado, el Seguro Social parecía "un colador con los hoyos justo lo bastante grandes como para que la mayoría de los negros cayeran a través de ellos".

Esa idea podría aplicarse a cada paso de la construcción de la red de seguridad social. Tomemos por ejemplo el programa de Ayuda para Niños Dependientes (Aid to Dependent Children, ADC), creado por la Ley de Seguridad Social para apoyar a las madres solteras, las viudas y sus hijos. Los estados del sur estaban entusiasmados por llenarse las manos de dinero federal, pero mucho menos por dejar que el gobierno federal decidiera cómo se iba a gastar. Y en ese punto, el Congreso canceló el control supervisor del Consejo del

Seguro Social. Los estados ganaron el poder de decidir quién era un receptor "adecuado" de apoyos. Los negros sureños, por supuesto, obtuvieron menos.

En un estudio, los politólogos Robert Lieberman y John Lapinski observaron que la cobertura del ADC en el Cinturón Negro —el corazón del sur rural, con la mayor concentración de afroamericanos— era menor que en el resto del país: "Aunque los blancos recibieran cobertura básicamente a la misma tasa en el Cinturón Negro que en el resto del sur, la de los negros era casi un tercio más baja". Con base en un sondeo del Seguro Social y un cálculo del Departamento Estatal de Bienestar Público, el demógrafo sueco Richard Sterner descubrió que, en 1935, de las familias elegibles de Geogía, 14.4% de las blancas y sólo 1.5% de las negras obtuvieron apoyo del programa. Esa desigualdad ha prevalecido al pasar de los años. Como señala Ira Katznelson en su libro *When Affirmative Action Was White: An Untold History of Racial Inequality in Twentieth-Century America*, los programas federales que no eran explícitamente racistas acababan siendo racistas en la práctica, porque otorgaban a los estados el control del dinero federal.

Como se concibió en sus inicios, la Ley de Almuerzo Escolar habría bloqueado fondos federales para los estados con sistemas educativos segregados. Los demócratas sureños "salvaron" el programa de una derrota legislativa segura, eliminando esa cláusula antidiscriminación, propuesta por el demócrata de Harlem, Adam Clayton Powell Jr., uno de los pocos negros en la Cámara. A los demócratas no sureños les resultó imposible luchar al mismo tiempo "por un mayor papel federal y contra las leyes Jim Crow", escribió Katznelson. "Los blancos liberales comprendieron que tenían que elegir. Y casi siempre convirtieron en prioridad la primera de esas metas."

En última instancia ésa es la verdadera razón por la que se exentó la agricultura de la Ley de Normas Laborales Justas de 1938, que establecía un aumento del salario mínimo de 25 a 40 centavos la hora, reducía la semana laboral a 40 horas y prohibía el trabajo infantil. Los miembros sureños del Congreso se oponían a un salario mínimo que los habría obligado a pagar lo mismo a los negros que a los blancos. "Siempre ha habido un tabulador distinto para los obreros blancos y los negros", señaló el representante James Mark Wilcox, de Florida. "Mientras a la gente de Florida se le permita manejar el asunto, se puede ajustar este delicado y desconcertante problema; pero el gobierno federal no conoce línea de color alguna, y por necesidad no puede distinguir entre razas."

Algunos de los hoyos en la red de seguridad del New Deal subsecuentemente se fueron cerrando. En 1950 el Seguro Social se extendió hasta cubrir a todos los trabajadores. Los trabajadores agrícolas quedaron cubiertos por la Ley de Normas Laborales Justas en 1966. En 1948 el presidente Harry Truman ordenó la integración total de las fuerzas armadas. Para 1954, un año después del fin de la Guerra de Corea, estaban oficialmente integradas.

Pero el millón aproximado de afroamericanos reclutados en las fuerzas armadas durante la Segunda Guerra Mundial fue de nuevo estafado, cuando la nación recompensaba a sus héroes.

La ley conocida como GI Bill[2] de 1944, que subsidiaba los estudios universitarios de los veteranos de cualquier estrato social y era elogiada como uno de los grandes niveladores de oportunidades en la historia de Estados Unidos, también les falló a los no blancos.

Supuestamente daltónica, la ley ofrecía subsidios universitarios para negros y blancos por igual. Pero los negros del sur se encontraron con el problema de que la segregación racial en la educación pública superior seguía siendo obligatoria, y al final de la guerra, en su región sólo había unas 100 instituciones educativas que pudieran recibirlos, además de que 28 de ellas eran escuelas normales o *junior colleges* que no ofrecían títulos de licenciatura. Aunque la ley produjo beneficios incuestionables a blancos y negros del norte, en el sur sus beneficios aumentaron las disparidades educativas entre las razas.

Pocos veteranos negros pudieron aprovechar las cláusulas de vivienda que esta ley incluía, porque los bancos no ofrecían hipotecas en barrios negros, en tanto que los convenios de escrituración em-

[2] Conocida como GI Bill y en realidad llamada The Servicemen's Readjustment Act of 1944.

parejados con el racismo informal impedían que los afroamericanos compraran casas en los vecindarios predominantemente blancos de los suburbios.

Cuando los obreros negros se unieron a la clase obrera industrial, el apoyo político a los derechos laborales también se replegó. Los mismos demócratas entusiastas por apoyar la Ley Wagner en 1935 —favorable a los obreros— fueron cruciales en la aprobación de la Ley Taft-Hartley de 1947, que abrió la puerta a talleres libres de sindicatos en el sur. Katznelson escribió:

> Conforme los sindicatos del sur empezaron a tener un éxito creciente e inesperado, y los liberales no sureños del New Deal presionaban para crear una administración federal más expansiva que impulsara los intereses obreros sin ceder en las intersecciones raciales-laborales, los sureños de la Cámara y el Senado cerraron filas defensivas en la discusión de las cuestiones laborales.

Durante la segunda mitad del siglo XX la red de seguridad estadounidense estuvo definida por su exclusión de los no blancos: los blancos pagarían impuestos para financiar una red pública de apoyos sociales siempre y cuando los apoyos se limitaran, *de jure* o *de facto*, a la mayoría blanca. Cuando el movimiento por los derechos civiles desafió esas restricciones, cuando el presidente Lyndon Johnson invitó a los negros a las escuelas de blancos y a las casillas de votación, y cuando extendió los programas gubernamentales para ayudar a los estadounidenses más oprimidos, casi siempre personas de color, se empezó a derrumbar el apoyo político que los blancos daban a una red de seguridad social que creían suya. Roosevelt logró el consenso necesario para construir las primeras etapas de un Estado de bienestar cuando limitó sus beneficios a los blancos. Tres décadas después, al incoporar en la red a la gente de color, la legislación por los derechos civiles cuestionó la estrecha solidaridad sobre la que se había construido el New Deal.

Las minorías siguen recibiendo un trato injusto de parte del Seguro Social. Normalmente obtienen transferencias más parcas que los blancos, aunque sean más propensas a sufrir de pobreza en la senectud. Los negros mueren más jóvenes que los blancos, así que obtienen beneficios durante menos tiempo. Son menos propensos a casarse, así que ganan menos de los beneficios maritales del Seguro Social. Los hispanos, por otro lado, son más jóvenes. El sistema al que contribuyen es menos generoso que el que usa sus impuestos para beneficio de los jubilados mayoritariamente blancos. Muchos son inmigrantes que sólo podrían obtener beneficios si tienen trabajo y pagan al sistema por lo menos durante 10 años. Sumando esos factores, los investigadores del Instituto Urbano concluyeron que, como grupo, los estadounidenses blancos obtienen más dinero del Seguro Social de aquel con el que contribuyen al sistema por medio del impuesto sobre la renta. Los afroamericanos e hispanos, por el contrario, obtienen menos. Eso se mantiene incluso después de tomar en cuenta que los hijos de las minorías pueden recibir más beneficios del sistema, porque es más probable que sus padres mueran antes. El Seguro Social está redistribuyendo el dinero de las minorías pobres a los blancos ricos.

Tal vez por eso el Seguro Social sea uno de los pocos programas en el arsenal del gobierno federal al que los blancos apoyan sin reservas. Según una encuesta del Centro de Investigaciones Pew, dos tercios de los blancos preferirían un gobierno más pequeño que brindara menos servicios, en contraste con sólo un tercio de los negros y alrededor de un cuarto de los hispanos con esa preferencia. Pero cuando un panel de la Academia Nacional de Seguridad Social encuestó a los estadounidenses sobre si aceptarían elevar impuestos a los trabajadores para preservar el Seguro Social, 81% de los blancos —y 90% de los negros— dijo que sí.

El consenso que subyace al argumento a favor de una red de seguridad amplia empezó a desmoronarse antes de que se secara la tinta de la legislación sobre los derechos civiles. El presidente Johnson no lo sabía en ese entonces, pero la creación de Medicare y Medicaid en 1965 —que ofrece seguro médico a los viejos y a los pobres— era la última parte del proyecto de construcción de la red de seguridad estadounidense que había iniciado 30 años atrás. Para

1968, Richard Nixon haría campaña con el argumento de que "duplicar la tasa de condenas en este país haría mucho más para curar el crimen en Estados Unidos que cuadruplicar los fondos de la Guerra contra la Pobreza".

Nixon ganó esas elecciones. Aunque no terminó de inmediato con la asistencia pública, redirigió al gobierno hacia una nueva prioridad nacional: la Guerra contra las Drogas. Durante las décadas siguientes, conforme más afroamericanos salían de las calles y entraban a prisión por violar las leyes de narcóticos, el consenso a favor del gasto en asistencia social se desmoronó, y la construcción de la red de seguridad se detuvo. El siguiente parteaguas en su evolución fue la campaña del presidente Bill Clinton contra el Estado de bienestar.

Estados Unidos no siempre fue el país rico más tacaño del mundo. En 1965, un año después de que el Congreso aprobara la Ley de Derechos Civiles, los impuestos recabados por los gobiernos federal, estatal y municipal para pagar de todo, desde la defensa hasta Medicaid, sumaban 23.5% del PIB. No estaba muy por debajo de los ingresos fiscales recabados en otros países industrializados: el promedio de los países de la OCDE era de 24.8 por ciento.

Sin embargo, la brecha se ha abierto desde entonces. En 2017 la recaudación tributaria promedio en la OCDE era de 34.2% del PIB. El ingreso tributario de los franceses y los daneses representó 46% de la economía a las arcas públicas; el de los canadienses, 32%; el de los británicos, 33%. Usaron el dinero para pagar ricas redes de seguridad social. En contraste, en Estados Unidos, los ingresos tributarios totales en todos los niveles de gobierno se quedaron en 27% de la economía, lo que dejó al país en el lugar 31 de los entonces 36 países industrializados del grupo.

La barrera que Friedrich Engels vio que impedía un movimiento obrero en Estados Unidos en el siglo XIX también bloqueó la construcción de un verdadero Estado de bienestar en el siglo XX y, hasta ahora, en el XXI.

3

De la seguridad social a la cárcel

Los estadounidenses están siendo más permisivos con el crimen. En 2009 uno de cada 135 habitantes estaba encerrado en una prisión federal o estatal, o en un reclusorio local. Para 2018 la tasa se había reducido a uno de cada 143. Muchos estados han aprobado reformas a las sentencias penales y ofrecido alternativas al encarcelamiento de delincuentes menores, con el fin de preservar el espacio carcelario para los criminales violentos y crónicos. En diciembre de 2018 el presidente Trump firmó la Ley del Primer Paso, el relajamiento más drástico de las leyes carcelarias en una generación, diseñada para recortar a la creciente población tras las rejas.

Pero no nos emocionemos demasiado con este giro aparente. El nuevo giro hacia la clemencia obedece menos a la empatía con los presos que a los presupuestos estatales, estirados al punto de quiebre por el alto costo del encarcelamiento. Estados Unidos sigue siendo el país que más penaliza en el mundo: en 2018 había 2.3 millones de estadounidenses languideciendo en penales y reclusorios. Eso es más de un tercio que en China, con una población cuatro veces mayor que la de Estados Unidos y que no tiene fama por su misericordia. Es también más de cinco veces el número de reclusos en India, y más del triple que en Rusia. Sólo Seychelles —excolonia británica y francesa en el océano Índico, gobernado por el mismo partido desde el golpe de Estado del año siguiente de haber ganado su independencia en 1976— tiene un mayor porcentaje de sus ciudadanos tras las rejas.

Para cualquier observador externo, nunca ha tenido mucho sentido la predilección de Estados Unidos por las cárceles, al menos si se supone que el objetivo sea la prevención de delitos. La tasa de criminalidad ha disminuido sin parar desde principios de los noventa. Para 2017, era la mitad de lo que había sido 20 años atrás. Y sin embargo, la población de presidiarios creció continuamente desde 1980 hasta 2008. Hace cuatro décadas, más o menos, uno de cada 450 estadounidenses estaba en el sistema penitenciario, aproximadamente la misma tasa que en el resto del mundo desarrollado. Hoy el país encierra más del triple que los demás, como proporción de la población.

Un informe publicado en 2016 por el Consejo Nacional de Investigación concluyó que el aumento meteórico en la tasa de encarcelamiento se debía por completo a cambios en las políticas públicas. Primero, aumentaron la probabilidad de que un arresto implicara pasar tiempo en prisión. Después, alargaron las sentencias obligatorias. De acuerdo con el informe: "Los cambios en tendencias delictivas o en la efectividad policial medida por número de arrestos por crimen, prácticamente no contribuyeron nada", sugiriendo que el encarcelamiento en el país no tenía nada que ver con la rehabilitación y tampoco lograba mucho en términos de disuasión.

No obstante que las tasas de delincuencia pueden estar en su nivel más bajo desde principios de los años setenta, las de crímenes violentos que sufre el país son más altas que en los países con políticas penales más ligeras. En 2015 hubo cinco homicidios intencionales por cada 100 mil estadounidenses, frente a los ocho de 20 años atrás. Esto es, por supuesto, buena noticia. Sin embargo, la tasa de homicidios en Estados Unidos sigue siendo mayor que las de otros países ricos: en la OCDE el promedio es de cuatro homicidios por cada 100 mil personas. En la Unión Europea es uno.

Muchos expertos han sugerido que el encarcelamiento en Estados Unidos parece estar fomentando el crimen, en lugar de mitigarlo. Este país encierra a demasiada gente por delitos marginales en cárceles abarrotadas de delincuentes más serios, con lo que se troquelan nuevos criminales.

Para encontrarle sentido a esta estrategia penal, se debe entender que persigue un objetivo completamente distinto. En pocas palabras, el vasto ecosistema de cárceles y prisiones fue diseñado, principalmente, para ocultar de la vista las desagradables consecuencias humanas de nuestra disfunción social. La prisión, señaló el sociólogo Bruce Western, llegó a ser concebida "como el último recurso para toda una variedad de fracasos sociales". Ya sea que los reclusos sufran problemas de salud mental, drogadicción o desempleo, "toda la gente que se le cuela a la red de seguridad y cae en el crimen, acaba en el sistema penitenciario".

Al carecer de una red que realmente protegiera a los ciudadanos más vulnerables del impacto de un mundo cada vez más globalizado, Estados Unidos prefirió encerrarlos.

"El sistema penal —me dijo la socióloga Devah Pager, ya fallecida— se convirtió en la única institución efectiva que pudiera imponer el orden y controlar a las comunidades urbanas." Y ahora también está tratando de imponer "orden" en las zonas rurales. Un estudio realizado en 2017 por el Instituto de Justicia Vera encontró que los condados rurales, hogar de tan sólo 15% de la población del país, albergaban a 20% de la población carcelaria. "Durante la segunda mitad de los años noventa las tasas de encarcelamiento en las grandes ciudades se empezaron a estabilizar y luego a bajar, en tanto que el encarcelamiento en las ciudades pequeñas y medianas y en las comunidades rurales siguió aumentando —me dijo Jack Norton, un investigador del Instituto Vera—. Hoy en día, las comunidades rurales tienen las tasas más altas de reclusión en cárceles y prisiones, dinámicas que, por un lado, son impulsadas por la falta de movilidad geográfica y social, y por otro limitan aún más esta movilidad."

Ante la opción de erigir una red de seguridad robusta y con menos grietas por las que los vulnerables pudieran colarse —incluyendo, digamos, un servicio de salud universal y quizá un programa de asistencia que no estigmatizara a los desempleados—, la clase política prefirió construir cárceles.

El gasto federal, estatal y local en el sistema penitenciario casi se cuadruplicó entre 1982 y 2015: aumentó a 87 mil millones de dólares después de la inflación. Eso es más de lo que el gobierno gastó en vales de despensa ese año, y dos veces y media lo que erogó en seguro de desempleo. El crédito al impuesto sobre la renta (Earned Income Tax Credit, EITC) —reembolso de impuestos como subsidio a trabajadores con salarios bajos—, el principal programa contra la pobreza en el país, costó 25% menos.

Estados Unidos no siempre pensó que la justicia penal fuera un sustituto del Estado de bienestar. A partir de los años treinta las políticas sociales del país estuvieron imbuidas en la noción del bien común que emanó del New Deal de Franklin Roosevelt. La Guerra contra la Pobreza, que siguió los pasos de la Ley de Derechos Civiles 30 años después, redobló la promesa de solidaridad —abriéndola al espectro entero de razas, clases y niveles de ingreso—. Pero luego algo pasó. Durante los siguientes 50 años la empatía y la solidaridad pasaron de moda. Meter a criminales en la cárcel se convirtió en una ruta segura para el éxito político.

¿Por qué el giro tan drástico del consenso en política pública? ¿Por qué perdió Estados Unidos la fe en la red de seguridad y recurrió a los reclusorios y los penales? El punto de quiebre fue ese momento en la historia en el que los negros adquirieron el derecho nominal a los beneficios de la ciudadanía.

Muchos estudiosos del crimen remontan los orígenes de la racha de encarcelamiento a 1974. Ése fue el año cuando el gobierno del estado de Nueva York solicitó al criminólogo Robert Martinson que evaluara la eficacia de los programas de rehabilitación de criminales, que en esa generación era el objetivo explícito del sistema penal estadounidense. La conclusión de Martinson, publicada en *The Public Interest* con el título "What Works? Questions and Answers About Prison Reform", se conoce ahora como la tesis del "nada funciona".

En el periódico izquierdista *New Republic*, Martinson escribió que "la gama de tratamientos correccionales no tiene ningún efecto apreciable, positivo o negativo, en las tasas de reincidencia de los convictos", y en el conservador *Public Interest* afirmó que las estrategias de rehabilitación comunes "no pueden superar y ni siquiera reducir apreciablemente la poderosa tendencia de los delincuentes a mantener su conducta criminal". Su análisis bipartidista se prestó a una conclusión poderosa: todo lo que el gobierno podía hacer era sacar a los criminales de la sociedad.

Durante el siguiente cuarto de siglo los 50 estados aprobaron leyes de sentencia obligatoria, en las que se especificaban las sentencias mínimas. Muchos también aprobaron leyes de "tres *strikes*" para castigar a los reincidentes, con lo que limitaron el poder de los jueces para ofrecer menores sentencias. En 1989 la Suprema Corte ratificó lineamientos de sentencia federales, en los que se abandonó por completo la noción de rehabilitación, y en 1994, con la aprobación de la Ley de Control de Crímenes Violentos y Aplicación de la Ley, el presidente Clinton firmó la legislación penal más integral en generaciones. No sólo aumentó el presupuesto federal para las cárceles, también tipificó categorías penales totalmente nuevas y consagró el principio de "tres *strikes* y estás fuera".

Las conclusiones de Martinson siguen siendo controvertidas. Los estudiosos han señalado que en las décadas de 1960 y 1970 la rehabilitación que había era en extremo escasa, insuficiente para sustentar una conclusión tan tajante sobre sus efectos. El personal carcelario no tenía capacitación ni incentivos. En un informe de 1979 de la Academia Nacional de Ciencias se argumentaba: "Cuando se afirma que 'nada funciona', el panel ni siquiera está seguro de qué es lo que se ha juzgado, mucho menos si fue un juicio justo".

Martinson, un antiguo "viajero de la libertad"[1] que había pasado 40 días en la unidad de máxima seguridad de Parchman, la penitenciaría estatal de Misisipi, no pretendía que su análisis fuera un argumento a favor de más prisiones. Estaba reaccionando a las sentencias arbitrarias de duración incierta que imponían los jueces basados en criterios vagos sobre la "actitud" del delincuente, que supuestamente indicaba si ya estaba suficientemente rehabilitado. Pero la clase política, agotada tras la Guerra de Vietnam y segura de que

---

[1] *Freedom rider*, persona que en los años sesenta desafiaba las leyes de segregación en el sur de Estados Unidos.

Estados Unidos se estaba convirtiendo en una Gomorra drogadicta, aprovechó para encerrar a todos los que la inquietaban durante el mayor tiempo posible.

Fue, sin duda, una época de inestabilidad. La seguridad era una preocupación creciente para muchas familias negras y blancas en zonas urbanas. La tasa de homicidios se duplicó de principios de los años sesenta a inicios de los setenta, cuando la primera camada de *baby boomers* entró a la edad adulta. El desmantelamiento de las instituciones en la década de los sesenta que cerró los establecimientos psiquiátricos de todo el país causó que liberaran a miles de enfermos mentales, que terminaron en las calles.

Inevitablemente, el miedo tuvo matices racistas. En 1993, en el cenit de la tasa de criminalidad nacional, el reverendo Jesse Jackson admitió: "No hay nada que me duela más en esta etapa de mi vida que caminar por la calle, oír pasos y empezar a pensar en un robo; luego voltear, ver a un blanco, y sentir alivio". Pero los estadounidenses blancos, inquietos porque sentían que la sociedad se precipitaba fuera de su control, tenían, además, otra preocupación en mente: que los negros tuvieran igualdad de derechos.

En 1963 el gobernador George Wallace se había plantado en el umbral del auditorio de la Universidad de Alabama para impedir la inscripción de dos estudiantes negros. Para finales de los años sesenta, la desegregación había abierto el acceso a los negros a toda suerte de espacios públicos que desde siempre los blancos habían asumido como suyos. Acostumbrados a controlarlo todo, para ellos —demócratas o republicanos— la imagen de la delincuencia negra representaba una inquietud más vasta y profunda.

Las tasas de criminalidad ya llevaban varios años en declive cuando, en 1996, John J. DiIulio, un politólogo que luego dirigiría la Oficina de Iniciativas Religiosas y Comunitarias de la Casa Blanca durante la administración de George W. Bush, se asoció con el conservador William J. Bennett —secretario de Educación del presidente Reagan y zar de las drogas del primer presidente Bush— y con John P. Walters —exjefe de personal de Bennett—, para escribir *Body Count: Moral Poverty and How to Win America's War Against*

Crime and Drugs. En su libro plantean argumentos enérgicos a favor de encarcelar a los jóvenes negros: "Estados Unidos es ahora hogar de hordas cada vez más grandes de 'superdepredadores' juveniles: son jóvenes radicalmente impulsivos y brutalmente despiadados […] No le temen al estigma del arresto, al dolor del encarcelamiento ni a su propia conciencia".

Según estos autores, los superdepredadores eran una amenaza a la esencia misma de la nación: "Por alta que hoy sea la cuenta de cuerpos en Estados Unidos, una nueva marea de violencia y crimen juvenil está a punto de despegar". No había más remedio que encerrarlos. "Si la pregunta es cómo evitar que los criminales convictos asesinen, violen, asalten, agredan y roben —añadió DiIulio en un artículo de opinión en el *New York Times*—, entonces el encarcelamiento es la solución, y es muy eficiente."

Ser duros contra el crimen se convirtió en la estrategia ganadora en la batalla por captar al electorado indeciso. Los demócratas del sur que se esforzaban por recuperar la lealtad blanca, perdida a causa de la aprobación de la Ley de Derechos Civiles, enarbolaron "la ley y el orden" como grito de batalla. Lo mismo hicieron los republicanos que querían arrebatar a los obreros blancos del campo de los demócratas.

"Crimen" se convirtió en palabra clave para referirse a la incomodidad racial. "El debate sobre el crimen se racializó en un grado importante", me dijo el profesor Western, observando que "la ansiedad que sentía el electorado blanco no sólo era por el crimen, sino por cambios fundamentales en la sociedad estadounidense". Como lo señaló Michelle Alexander en *The New Jim Crow*, inevitablemente, los superdepredadores eran los negros del centro de la ciudad. Ser duros con el crimen se convirtió en una táctica a toda prueba para cortejar a los votantes blancos conmocionados por ver a los negros invadir los espacios públicos, las escuelas y hospitales, los restaurantes exclusivos de blancos, y los asientos del frente del autobús que habían asumido como propios.

En 2016 en Alabama casi uno de cada 100 habitantes estaba tras las rejas. Los negros, que apenas superan un cuarto de la población del estado, conformaban 54% de sus reclusos. Su tasa de encarcelamiento era de una persona por cada 56. Un patrón similar se repite por todo el país. En 1980 alrededor de 5.2% de los varones adultos tenía antecedentes penales, sin importar si estaban o no en la cárcel, según un estudio dirigido por la socióloga Sarah Shannon. Para 2010 esa cifra se había incrementado a 12.8 por ciento.

La mayoría de los estadounidenses con antecedentes penales son negros. En 2010 un tercio de los varones afroamericanos los tenían. Más de 15% estaba en la cárcel o en libertad condicional. Según un estudio realizado por el criminólogo Ray Paternoster y colegas, casi la mitad de los hombres negros y 38% de los blancos habrán sido arrestados por lo menos una vez para cuando cumplan 23 años. Para los negros varones con educación limitada, argumentan Western y Becky Pettit, ir a la cárcel es más común que enlistarse en el ejército o graduarse de la universidad.

Estoy seguro de que Johnson no esperaba que su administración pusiera la lápida que marcara el fin de la era del New Deal. Entendía que la Ley de Derechos Civiles de 1964 causaría daño político a su partido. Después de firmarla le dijo a su secretario de prensa: los demócratas "acaban de perder el sur para la siguiente generación". Subestimó el alcance de los daños: un par de generaciones después, en 2018, los republicanos obtuvieron 100 de los 152 escaños en la Cámara de Representantes de los 11 estados de la antigua confederación y sus dos aliados, Missouri y Kentucky. No alcanzó a comprender a qué grado el hecho de incluir a las personas de color en la red de derechos y garantías creada en los años treinta por Roosevelt para proteger el bienestar de los trabajadores blancos socavaría el apoyo para la red de seguridad en general.

El presidente Johnson expandió agresivamente la plataforma de Roosevelt. Sus logros legislativos incluyen haber creado un seguro médico universal para los viejos con Medicare, y uno más limitado para los pobres con Medicaid. Aumentó los beneficios del Seguro Social para las familias pobres. Amplió las transferencias y la vivienda subsidiada. Creó el programa de vales de despensa para brindar un piso nutricional a las familias más desamparadas. El gasto federal en salud, educación, empleo y capacitación, vivienda y transferencias se triplicó en su administración, hasta alcanzar 15% del presupuesto federal en 1970.

Johnson se esforzó por garantizar que el aparato de bienestar que había creado sirviera a todos los ciudadanos. "Muchos estadounidenses viven en los márgenes de la esperanza. Algunos por su pobreza, y otros por su color, y demasiados por ambas cosas —declaró en su discurso del estado de la Unión de 1964—. Nuestra tarea es ayudar a reemplazar su desesperanza con oportunidades." Los fondos federales adicionales que tuvo disponibles gracias a la Guerra contra la Pobreza le dieron un arma potente para lanzarse en "un ataque continuo contra la discriminación", como articuló el Informe Económico del Presidente de ese año. También presionó sin cesar a los gobiernos estatales y locales recalcitrantes, por no mencionar al sector privado, para que redujeran la segregación y otras formas de discriminación racial.

Es difícil comprender por completo el efecto que tuvo ampliar el acceso de los estadounidenses negros a los servicios públicos. En 1956 el doctor Paul Cornely, profesor de medicina preventiva en la Universidad Howard, decidió evaluar el alcance de la integración racial en las escuelas de medicina y hospitales en los planes de seguros de Blue Cross Blue Shield y en sociedades médicas. Envió cuestionarios a secciones de la Liga Urbana Nacional, una organización a favor de los derechos civiles, que se lanzó a investigar el estado de la desegregación médica. Cornely descubrió que la medicina estaba relativamente integrada en el norte: 83% de los hospitales declaraba que su oferta era integrada. En el sur, por el contrario, sólo 6% de los hospitales generales admitía pacientes negros sin restricciones. Del 94% restante, un tercio no admitía pacientes afroamericanos, la mitad tenía salas segregadas y el resto tenía otros patrones de segregación.

La Ley Hill-Burton de 1946, que regulaba el financiamiento gubernamental para la construcción de hospitales, había legalizado la segregación racial, pues permitió que se construyeran instalaciones separadas para blancos y negros, siempre y cuando fueran "de la misma calidad". En todo el sur, la igualdad resultó ficticia. Incluso en las supuestas instituciones integradas no discriminatorias seguía siendo común excluir a los médicos negros y limitar el acceso de los pacientes negros a ciertos servicios.

La administración de Johnson prácticamente acabó con eso. Primero vino el garrote. El Título VI de la Ley de Derechos Civiles de 1964 prohibió directamente el financiamiento federal de instituciones que discriminaran por raza, credo u origen nacional. Luego vino el incentivo. En 1965 el presidente Johnson firmó una ley que generó el mayor estímulo que los hospitales habían tenido jamás para acatar las normas federales: Medicare, que incluía la promesa de miles de millones de dólares.

Los hospitales y las clínicas tenían hasta el 1 de julio de 1966 para acatar la ley. Debían garantizar el tratamiento igualitario de sus pacientes, integrar los servicios, abrir las puertas a los doctores negros, cerrar las cafeterías segregadas para empleados, desegregar los baños y poner pacientes blancos y negros en los mismos cuartos. Se apuraron a cumplir. En abril de 1966, 15% o menos de los hospitales en siete estados sureños cumplía con las normas. En Misisipi sólo el 3% de los hospitales acataba. Para el 29 de junio, 31% de los hospitales en el estado había incorporado las normas de desegregación. En menos de un mes, del 3 al 29 de junio, el cumplimiento en Alabama aumentó de 15% a 36 por ciento.

Es difícil exagerar el impacto de esa política en la salud de los afroamericanos. Un estudio de los economistas Douglas Almond, Kenneth Chay y Michael Greenstone encontró que por lo menos 25 mil bebés negros nacidos entre 1965 y 2002 habrían muerto antes de cumplir un año debido a la segregación racial. En sus palabras: "La conquista del acceso de los negros a los hospitales coincide con una reducción impresionante en la muerte de negros recién nacidos por causas consideradas prevenibles con la atención hospitalaria oportuna". Además, "los incentivos nacionales de Medicare fueron cruciales para lograr la desegregación hospitalaria".

Sin embargo, el uso agresivo de las arcas federales para la desegregación de los programas de asistencia social del gobierno tuvo otra consecuencia, esta vez artera, que sigue afectando al país hasta nuestros días. Al ampliar el acceso de los negros y otras minorías a esos programas, la legislación de los derechos civiles dio un golpe mortal al apoyo político a cualquier forma de asistencia gubernamental. La Guerra contra la Pobreza del presidente Johnson, que amplió la red de asistencia para ayudar a los estadounidenses empobrecidos, socavó su estabilidad política, por poner el rostro de un negro pobre en la seguridad social.

Como hemos visto, en las honduras de la Gran Depresión, Franklin Roosevelt se resistió a ampliar los beneficios del New Deal a los afroamericanos, porque sabía que el Congreso no le aprobaría ningún proyecto de ley sin el apoyo de los demócratas del sur. El presidente Johnson, por el contrario, rechazó ese pacto. Como era un blanco del sur y había pasado muchos años en el Senado, entendía los costos políticos inmediatos que su postura le impondría al Partido Demócrata: daría a los republicanos la oportunidad de capturar el sur, atrayendo a los blancos racistas. Lo que no pudo comprender fue el impacto duradero que tendría su proyecto de igualdad racial en el equilibrio político del país. La nación todavía se tambalea por el colapso del apoyo de los estadounidenses no sólo a la red de seguridad, sino también a los bienes públicos en general y a todo el aparato gubernamental.

Los politólogos Nolan McCarty, Keith Poole y Howard Rosenthal diseñaron una medida de polarización política basada en las votaciones nominales en el Congreso. Concluyeron que desde la década de 1930 hasta mediados de los años setenta ésta se mantuvo relativamente baja. Había más que suficientes demócratas blancos conservadores en el sur y un buen número de republicanos liberales en el noreste con perspectivas compartidas en una variedad de temas. El contraste con la política actual es marcado. Desde los años setenta la distancia política entre demócratas y republicanos en el Congreso ha aumentado incesantemente año tras año, en gran parte impulsada por el giro a la derecha de los segundos, que ha sucedido conforme aumenta su proporción de escaños que antes ocupaban los demócratas conservadores del sur. El apoyo de los blancos sureños con el que el presidente Roosevelt construyó la primera red de seguridad del país ya se evaporó.

Hay pocos personajes más importantes en el debate sobre la pobreza en el país que Daniel Patrick Moynihan, un intelectual experto en políticas públicas que entró a la vida política como demócrata liberal acérrimo y tuvo un puesto en el Senado y en cuatro presidencias consecutivas, desde la de John F. Kennedy hasta la de Gerald Ford. Él fue, también, quien sentó las bases intelectuales del ataque de los conservadores contra el Estado de bienestar.

De 1963 a 1965, como subsecretario de trabajo a cargo de planeación, investigación y políticas públicas durante las administraciones de Kennedy y Johnson, tuvo a su cargo desarrollar una estrategia para lo que se convertiría en la Guerra contra la Pobreza de Johnson. Lo que presentó fue *The Negro Family: The Case for National Action*. Su intención era plantear una evaluación de las cicatrices dejadas por la esclavitud y el racismo, y un argumento a favor de la acción gubernamental afirmativa para atacar la desigualdad entre razas, más allá de garantizar la igualdad de derechos. No obstante, lo que se conoce como el Informe Moynihan acabó por servir a los enemigos de la red de seguridad social, al dar pie al retrato de una familia negra disfuncional e irresponsable, como imagen de la asistencia pública. El psicólogo William Ryan le hizo la famosa acusación de "culpar a la víctima", controversia que sigue afectando el debate sobre las políticas sociales hasta nuestros días.

El meollo de su mensaje se basaba en una gráfica crucial, que los científicos sociales bautizaron como "las tijeras de Moynihan". Ilustraba cómo el conjunto de casos de Ayuda para Familias con Niños Dependientes —programa principal de asistencia social establecido por Roosevelt con la Ley de Seguridad Social de 1935— se correlacionaba con el desempleo entre los afroamericanos. Hasta principios de los años sesenta, las dos líneas se seguían muy de cerca. Pero alrededor de 1963 el número de casos siguió subiendo, mientras el desempleo entre negros disminuía. Eso llevó a Monyihan a concluir que la pobreza de los negros se estaba independizando del estado de la economía, como consecuencia de la descomposición de las familias negras, que estaban atrapadas en una "maraña de patologías" y se acercaban "al colapso total". En la conclusión de su informe planteó que la política de Estados Unidos "es llevar a los negros a compartir por completo y por igual las responsabilidades y recompensas de la ciudadanía. Para ese fin, los programas del gobierno federal que tengan el objetivo de ayudar a los negros deben diseñarse para tener el efecto, directo o indirecto, de aumentar la estabilidad y recursos de la familia afroamericana".

Al final, Johnson no hizo mucho con ese análisis. En junio de 1965 retomó algunas de sus ideas para el discurso de graduación de la Universidad Howard, una de las principales universidades para negros del país. En su discurso convocó a una conferencia en la Casa Blanca para discutir los pasos adicionales necesarios para lograr la igualdad racial tras la aprobación de la legislación de los derechos civiles. Pero la propuesta subyacente de Moynihan, de que algo llamado "cultura negra" estaba produciendo pobreza sin que nadie pudiera evitarlo, hacía que sus recomendaciones fueran demasiado incendiarias.

El argumento nunca dejó el espacio público, porque la derecha lo acogió con entusiasmo. Durante los siguientes 50 años los conservadores usaron variaciones de ese análisis para justificar recortes en los proyectos de asistencia social, con el argumento de que fomentaban la dependencia y socavaban la autosuficiencia de las familias negras. Presentaron las tijeras de Moynihan como prueba de que la intervención gubernamental era inútil en el mejor de los casos, y probablemente contraproducente, incapaz de ayudar a las familias negras atrapadas en una "cultura de la pobreza". Para salir de la trampa de la pobreza, argumentaron, simplemente tenían que ponerse las pilas, adoptar el código moral de la clase media blanca y asumir la responsabilidad por sus vidas. Los conservadores atacaron implacablemente el programa de Ayuda para Familias con Niños Dependientes, al que culpaban de fomentar la descomposición de las familias negras.

Finalmente lograron derogarlo, al aprobarse la Ley de Reconciliación de Responsabilidad Personal y Oportunidad de Trabajo de 1996. Al mismo Moynihan le horrorizó ese resultado. En un discurso que dio en el Senado en septiembre de 1995, cuando la reforma social estaba avanzando en el Congreso, el senador acribilló a la administración de Bill Clinton por intentar deshacer a la principal fuente de apoyo para los niños pobres. "Si esta administración quiere pasar a la historia como la que abandonó —como la que estuvo ansiosa por abandonar— el compromiso nacional con los niños dependientes, así sea", rugió. "No puedo entender que esto esté pasando. Nunca antes había pasado."

Moynihan jamás apoyó el tradicional argumento conservador, que simplemente postula los defectos morales de los negros como punto de partida de todo lo demás. Argumentaba que la disfunción de las familias negras era producto de cientos de años de opresión, desde la esclavitud hasta la segregación en el sur según la doctrina Jim Crow, y proponía aprovechar la energía del movimiento por los derechos civiles para ir más allá de la exigencia de igualdad de oportunidades. La meta, afirmaba, debería ser "la igualdad como hecho y como resultado".

De todos modos, Moynihan se ganó un lugar de honor entre los conservadores que querían recortar el aparato de la asistencia social. Un informe sobre la Guerra contra la Pobreza, encargado en 2014 por el congresista Republicano Paul Ryan, jefe del comité del presupuesto en la Cámara, de la que al año siguiente se convertiría en presidente, se apoyó en Moynihan para argumentar que "quizá el determinante más importante de la pobreza sea la estructura familiar". Señaló que más de un tercio de las familias encabezadas por madres solteras vivía por debajo del umbral de la pobreza, frente al 13% de todas las familias.

Es probable que la reforma al *welfare* hubiera sucedido de todos modos. En los años noventa los demócratas temían que su apoyo a la asistencia pública fuera un lastre electoral. Esperaban que una "reforma" que vinculara estrechamente el trabajo con la ayuda gubernamental redujera la hostilidad de los votantes hacia los esfuerzos contra la pobreza.

Con todo, el análisis de Moynihan consolidó en la conciencia del país la idea del *welfare* como un esfuerzo por recompensar a las familias negras de bajos recursos por no aceptar los valores laborales y familiares de la clase media blanca. No importa si ésa era o no su intención, sus ideas apuntalaron la estrategia política de todas las administraciones republicanas a partir de la de Richard Nixon.

Nixon es famoso por lanzar la "estrategia sureña", con la que el Partido Republicano arrebató el sur a los demócratas, aprovechando la oposición de los blancos a la legislación por los derechos civiles. Pero como mencioné, también tuvo una estrategia para el norte: reorientar la electrizada política racial que rodeaba la Guerra contra la Pobreza y atraer a los obreros blancos de la órbita demócrata, aprovechando su aversión hacia un sistema de asistencia pública que consideraban un regalo para los negros. "Quiero empezar esta administración diciéndoles la verdad a los afroamericanos y al resto de los estadounidenses —proclamó Nixon en noviembre de 1968—. Voy a proponer nuevos programas con el propósito de que la gente salga de las listas de la asistencia social y entre en la nómina."

En 1969 Arthur Burns, su principal asesor económico, le presentó la reseña de un artículo del periodista Pete Hamill en la revista *New York* titulado "The Revolt of the White Lower Middle Class". Hamill citaba a un hombre de Brooklyn que al preguntarse: "Si me muero, ¿quién les dará de comer a mi mujer y a mi hijo?", se contestaba "nadie", y se lanzaba en una diatriba contra la injusticia que sentía. "Los *niggers*, ellos no se preocupan por eso. Toman el *welfare* y se sientan en el porche a beber vino barato y tirar las botellas a la calle. Nunca necesitan salir de su casa. Me sacan el dinero de mi quincena y simplemente se lo dan a alguna perra que no quiere trabajar. ¿Sabes lo que soy? —remató—, un idiota trabajador urbano blanco, que siente que está manteniendo a los negros que reciben asistencia como resultado de las maquinaciones de los políticos hambrientos de votos, es un hecho sociopolítico de primera importancia."

La gran paradoja es que la estrategia social general de Nixon habría ampliado enormemente el Estado de bienestar. Propuso reemplazar la Ayuda para Familias con Niños Dependientes con lo que era esencialmente un ingreso básico para todas las familias pobres.

El ya mencionado Plan de Asistencia Familiar no era muy generoso, tenía un tope de mil 600 dólares, pero la administración estimaba que casi triplicaría la cantidad de beneficiarios a 28 millones, y que elevaría el costo de la asistencia social federal a casi 6 mil millones de dólares. Las listas de asistencia social se ampliarían entre 30 y 50% en estados que ya contaran con ellas, como Nueva York, y aumentarían hasta 400% en algunos de los estados más tacaños del sur. Un tercio de la población de Misisipi habría recibido beneficios con ese plan.

Esa propuesta aparentemente liberal era una jugada ambiciosa en tiempos de resentimiento obsesivo y de crecimiento constante de las listas de asistencia federal. "El señor Nixon ha dado un gran paso al frente —escribió el columnista del *New York Times* James Reston cuando el presidente anunció la nueva política—. Ha encubierto una política social sorprendentemente progresista con un lenguaje conservador."

Pero la belleza política del plan, desde la perspectiva del presidente, residía en su capacidad de cambiar el color de la ayuda federal, reduciendo la proporción de negros entre los beneficiarios, para redirigirla hacia los blancos pobres de clase trabajadora. En general, la asistencia social estaba prácticamente reservada a familias encabezadas por madres solteras. En 1969 el 46% de las beneficiadas en el programa de Ayuda para Familias con Niños Dependientes eran negras, arriba del 43% de 1961. "En ningún estado hay asistencia federal disponible para familias de trabajadores pobres, encabezadas por hombres con trabajo de tiempo completo que ganen salarios de pobreza —señaló Robert Finch, secretario de Salud, Educación y Asistencia Social, en un testimonio ante el Congreso—. Nos hemos encajonado en una situación en la que ayudaremos a los hombres que no trabajan, pero no podemos ayudar a los que sí."

El conjunto de sindicatos obreros estaba profundamente resentido con la asistencia social. Clinton Fair, director legislativo de la AFL-CIO, lo explicó en un testimonio ante el Senado, al referirse al *welfare*: "Uno de los rasgos más frustrantes y desalentadores es que a un obrero que trabaje tiempo completo le podría ir peor que a su vecino, que sólo trabaja medio tiempo, pero recibe asistencia social". Nixon trabajó duro por profundizar ese desencuentro. En una junta para discutir un discurso sobre sus propuestas sociales, comentó con John Ehrlichman, su asistente de asuntos internos, y William Safire, su redactor de discursos, que quería hablar "no a los beneficiarios de la asistencia social, desempleados, negros", sino, exclusivamente, a "los trabajadores pobres, contribuyentes".

En la primavera de 1970 el Consejo de Política Interna de Nixon lanzó un programa de discusiones entre miembros clave de la Casa Blanca llamado "El problema del trabajador de cuello azul".[2] En junio de ese año su secretario del Trabajo, George P. Shultz, envió un memorándum a nombre del grupo a Ehrlichman —que también fungía como jefe del consejo— en el que le recomendaba concentrarse en el creciente resentimiento de la clase obrera blanca contra las minorías raciales. Sugería que la asistencia social podría ser una vía de entrada provechosa. Se refería a los blancos de clase trabajadora, que "sienten la amargura de la presión implacable de las minorías en sus barrios inmediatos, en su lugar de trabajo, en las escuelas y en la comunidad", y argumentaba: "Al ver los programas de asistencia para los pobres, se sienten excluidos y olvidados. Como contribuyentes, ayudan a pagar los beneficios de los 'gorrones' y no obtienen nada de la ayuda que ven".

El grupo de trabajo a cargo del tema de los trabajadores de cuello azul sintetizó los argumentos en un documento en el que punto por punto subrayaba el insidioso impacto político de las políticas sociales. ¿Trabajo? El beneficiario típico de programas de asistencia pública hace "poco o nada", declaraba, mientras que un obrero "trabaja mucho y duro". Un beneficiario podía obtener hasta 4 mil dólares en ayuda gubernamental, mientras que un obrero no obtenía nada.

La estratagema de Nixon no funcionó. El 16 de abril de 1970 el Plan de Asistencia Familiar fue aprobado por la Cámara por un margen de 243 contra 155, pero nunca lo ratificó el Senado. Las es-

---

[2] *Blue collar worker*, el término refiere a los obreros y trabajadores manuales.

timaciones iniciales sugerían que, de las minorías, habría menos de cuatro de cada 10 beneficiarios del Plan de Asistencia Familiar. De todos modos, los miembros sureños del Congreso se escandalizaron ante un gran beneficio universal que habría elevado los ingresos y privado a los patrones de la barata mano de obra negra. Phil Landrum, un demócrata georgiano de la Cámara, se opuso al plan de Nixon porque "no va a quedar nadie que empuje las carretillas ni planche las camisas". Un sistema federal universal habría privado a los estados del sur de la capacidad de determinar quién obtenía la ayuda y quién no. Ése fue el punto crítico. No lo pudieron soportar.

Los estados del sur —y sus senadores— no iban a entregar de buena gana a Washington el poder de la maquinaria de la asistencia social. En 1970 sólo 5% de los sureños recibían asistencia federal. En Nueva York el porcentaje era ocho veces mayor. Más de la mitad de la población de Misisipi vivía por debajo del umbral de pobreza, pero sólo 14% recibía asistencia gubernamental. El Departamento de Agricultura estimaba que había un millón de personas en Alabama sin dinero suficiente para pagarse una dieta marginalmente aceptable. Menos de 300 mil eran beneficiarios de su programa de asistencia alimentaria.

La socióloga Jill Quadagno cuenta cómo explicaba ese patrón Robert Clark, el primer negro electo a la legislatura de Misisipi en casi 100 años: "Si puedes caminar o arrastrarte, entonces no estás calificado para esos programas". En todo el sur, la asistencia social se convirtió en una herramienta con la que los gobiernos estatales garantizaban a los terratenientes dueños de las plantaciones una fuerza laboral barata y estable: la asistencia mantenía a los jornaleros durante el invierno, su suspensión al final de la estación los obligaba a salir de las listas y retornar a los campos de cultivo en primavera y verano.

Moynihan, a quien Nixon había nombrado secretario del recién formado Consejo de Asuntos Urbanos, fue el principal arquitecto del plan del presidente que al final fue derrotado. Amargado, arremetió contra sus oponentes liberales, a quienes acusó de estar en el bolsillo de la industria de la asistencia social, aludiendo a los trabajadores sociales de los estados del norte, donde los beneficios eran más generosos, que se oponían a la eliminación del programa de Ayuda para Familias con Niños Dependientes. Sin embargo, su crítica ignoraba la estrategia política del presidente Nixon, que intentaba aprovechar el resentimiento blanco contra los negros empoderados por sus derechos civiles recién conquistados.

El politólogo Scott Spitzer cree que el Plan de Asistencia Familiar de Nixon era la pieza central de lo que él llama su "estrategia norteña" de aprovechar el resentimiento racial para robarle votantes blancos al Partido Demócrata. "Respondía menos al problema de la pobreza y más a la ira y la frustración que aumentaban en todo el país, a causa del incremento creciente de las listas de asistencia social a finales de los sesenta", escribió. El Plan de Asistencia Familiar no sólo iba a abolir un sistema de asistencia social que apapachaba a los negros perezosos. También iba a ampliar la asistencia federal para los obreros blancos, con lo que reorientaría la asistencia social —piedra angular de las políticas liberales erigidas desde la administración de Roosevelt hasta la de Lyndon Johnson— para dar a los republicanos una mayoría política duradera.

La idea de Nixon no era nueva. Andrew Johnson, quien sucedió a Abraham Lincoln en la presidencia en los primeros años tras la Guerra Civil, ya se había irritado por la noción de una burocracia federal diseñada para cuidar a "una clase de personas" —los esclavos recién emancipados— mientras ignoraba a "nuestra propia raza".

El *welfare* era demasiado tóxico. En las elecciones legislativas de 1970 los demócratas ampliaron su mayoría en la Cámara por 12 escaños. Para los observadores contemporáneos, el resultado presenta la política estadounidense como un oxímoron: los republicanos perdieron porque Nixon apoyaba meter a "millones de personas más a la asistencia social". Ése fue el punto de inflexión definitivo. Ante la derrota electoral el presidente abandonó su plan de asistencia y, en su lugar, se concentró en la delincuencia. El crimen fue, sin duda, una manera más efectiva de reclutar votantes blancos.

"Tienes que confrontar el hecho de que, en realidad, los negros son todo el problema —señaló el presidente en 1969, según notas en el diario de su jefe de personal, H. R. Haldeman—. La clave es diseñar un sistema que lo reconozca sin parecerlo." Y así, la estrategia republicana de ganarse a los votantes blancos de clase trabajadora redirigiendo la asistencia social al servicio de sus propios intereses quedó reemplazada para siempre por la fórmula más simple de rechazar la asistencia social por completo. Veinte años después, al final de la presidencia de Ronald Reagan, el objetivo principal del partido había transitado de transformar la asistencia social a terminar con ella.

¿Se acuerdan de la "reina del *welfare*"? Ronald Reagan la describió ante los votantes en un mitin durante las primarias presidenciales de los republicanos en 1976. Se basó en Linda Taylor, una mujer del lado sur de Chicago que había sido arrestada por fraude a la asistencia social. La retrató a partir de la imagen racializada de los programas sociales que había construido Nixon, trenzando una historia de despilfarro a costa de los contribuyentes. "Usó 80 nombres, 30 direcciones, cinco números telefónicos para obtener vales de despensa, Seguro Social, beneficios de veterano de cuatro esposos fallecidos falsos —dijo Reagan—. Tan sólo sus ingresos libres de impuestos eran de 150 mil dólares al año."

Linda Taylor era real: una criminal en serie que hizo cosas mucho peores que robar de las arcas públicas. No hace falta decir que estaba lejos de ser la típica beneficiaria de asistencia social. Reagan la utilizó para crear una imagen del todo engañosa de los beneficiarios de la asistencia pública como ladrones que desangran a los contribuyentes.

Aunque perdió esa elección derrotado por el presidente en funciones, Gerald Ford, su descripción de los beneficiarios de los programas sociales como mujeres de color indignas, estafadoras potenciales, a quienes, en todo caso, se las debía considerar responsables de su propia pobreza, resultó ser un motivo poderoso que ayudaría a entregarle la presidencia cuatro años después. Montado en lo que en ese entonces era una coalición inusual que incluía tanto a los grandes empresarios como a los obreros blancos inconformes porque el gobierno parecía no estar interesado en su situación, Reagan culpó con éxito al gobierno por trabajar para ayudar a los negros a salir adelante.

Ciertamente, cada vez más afroamericanos recibían asistencia. En 1936 tan sólo 14% de los beneficiarios de ADC eran negros, para 1969 ya representaban 45% en las listas. En 1960 la pobreza significaba una familia blanca en los Apalaches, 20 años después, evocaba una madre soltera en Chicago. Además, cuando estallaron disturbios, en Harlem, Chicago, el barrio Watts en el centro-sur de Los Ángeles y otros lugares, el debate sobre la pobreza se enmarañó con discusiones sobre la creciente agitación en las comunidades negras. Los negros en *welfare* se convirtieron en blancos políticos fáciles.

El ataque de Reagan contra la asistencia pública no era abiertamente racista, dirigido en forma explícita contra los afroamericanos. Pero la hostilidad racial del electorado blanco fue lo que la convirtió en una diana fácil. Las víctimas de los enormes recortes presupuestarios que el presidente incluyó en la Ley Ómnibus de Presupuesto de Reconciliación de 1981 fueron muy claras. Benjamin Hooks, director ejecutivo de la NAACP, declaró que los recortes eran "una estrategia de Alicia en el país de las maravillas que les quita a los pobres para dar a los ricos", y prometió que su organización se movilizaría "contra este trato perverso".

El presidente Reagan recortó drásticamente el gasto en *welfare*, vales de despensa, Medicaid, vivienda pública y capacitación laboral, mientras prometía proteger el Seguro Social, Medicare y los beneficios de veteranos, que ayudaban a los blancos. El Centro de Prioridades Presupuestarias y Políticas —institución de investigación de tendencia a la izquierda— estimó que los negros tenían tres veces mayor probabilidad que los blancos de participar en los programas que habían recortado. Los recortes —combinados con las recesiones consecutivas de 1980 y 1981— pasaron factura: para 1982, la Oficina del Censo reportó que casi 36% de los negros vivía en la pobreza, la tasa más alta desde 1968; la pobreza entre los latinos también había aumentado.

Es tentador entender la racialización de la asistencia social como producto exclusivo del pensamiento republicano, pero sería un error.

Como ya lo mencioné, fue Bill Clinton, en 1996, quien eliminó el derecho de los pobres a la asistencia federal y lo reemplazó con un conjunto establecido de programas estatales contra la pobreza que, como regla general, requerían que los beneficiarios consiguieran empleo. La presión política por terminar con un programa que beneficiaba sobre todo a madres solteras negras se había vuelto irresistible.

Luego de haber perdido la Cámara de Representantes ante una avalancha republicana dos años antes, un presidente demócrata se prestó a la meta de terminar con la llamada cultura de la dependencia de las arcas públicas, asumiendo la idea del *welfare* como una calamidad social, que desalentaba el trabajo, fomentaba tener hijos fuera del matrimonio y conducía a toda suerte de malas conductas en las familias minoritarias.

Clinton sustituyó el programa de Ayuda para Familias con Niños Dependientes, que se había mantenido prácticamente sin cambios desde la década de los treinta, con la Asistencia Temporal para Familias Necesitadas (TANF). Éste consistía en una cantidad fija en efectivo entregado a los estados, que tenían gran libertad para decidir cómo y a quién dispensar la ayuda. Muchos estados añadieron requisitos estrictos de trabajo y cortaron la asistencia mucho antes de los cinco años, que era el límite impuesto por el gobierno federal. Los estados más severos resultaron ser los que tenían las mayores poblaciones minoritarias.

En *Disciplining the Poor: Neoliberal Paternalism and the Persistent Power of Race*, los politólogos Joe Soss, Richard Fording y Sanford Schram señalaron que cinco años después de que se promulgara la reforma, seis de cada 10 familias en los programas sociales más restrictivos, con las reglas de eligibilidad más estrictas y las sanciones más duras por incumplimientos, eran negras. Igual, pero al contrario, seis de cada 10 familias en los programas más permisivos eran blancas.

> Lo único que encontramos que realmente impulsara una decisión de política pública tras otra fue el porcentaje de beneficiarios minoritarios en las listas de la asistencia pública de entonces —dijo Soss en una entrevista con BillMoyers.com—, y al ver esas reglas en conjunto

observamos que aunque la Ley de Derechos Civiles impida al gobierno crear programas diferenciados para beneficiarios negros y blancos, cuando los estados eligen según este patrón, resulta que grandes números de afroamericanos quedan concentrados en los estados con las reglas más duras, mientras que grandes cantidades de beneficiarios blancos terminan aglutinados en los que las tienen más laxas.

La reforma de Clinton no produjo un aumento en la pobreza que muchos de sus críticos esperaban. La economía pujante alimentada por la revolución punto com durante la segunda mitad de los noventa por sí sola sacó a mucha gente de la pobreza. Además, antes de la reforma del *welfare* el gobierno expandió el EITC de 1993, que subsidiaba los ingresos de los trabajadores de bajos recursos. Para el año 2000, este crédito se había convertido en la mayor herramienta contra la pobreza en el arsenal del gobierno federal, con un costo para sus arcas de 31 mil millones de dólares, el doble que en 1992.

Sin embargo, Clinton no sale bien librado. Es cierto que el EITC aumentó los beneficios del empleo y atrajo a muchas madres solteras a la fuerza laboral, pero no aumentó los ingresos de las familias pobres: por cada dólar de salario que ganaban las mujeres que dejaban la asistencia social para ir a trabajar, perdían otro en beneficios gubernamentales. Y lo más importante es que la gente desempleada quedó en el desamparo. Cuando llegó la gran recesión en 2008, el gobierno brilló por su ausencia. "El programa TANF no reaccionó", escribieron las economistas Marianne Bitler y Hilary Hoynes. Sin él, "la pobreza extrema se volvió más cíclica", y se profundizó brúscamente al caer la economía.

En 1996, antes de la reforma a la asistencia social de Clinton, casi 10 millones de niños y cinco millones de adultos recibían transferencias de programas de asistencia pública. A la fecha, las listas se han reducido a unos 3 millones de niños y un millón de padres. Las tasas de pobreza no han mejorado. De acuerdo con los sociólogos Kathryn Edin y H. Luke Shaefer, esto contribuyó a un salto de 130% en la cantidad de hogares con niños que viven con ingresos en efectivo de menos de dos dólares al día por persona.

La conclusión más clara es que la reforma social no funcionó como estrategia política para construir el apoyo público a los programas gubernamentales. Una década después de que entrara en vigencia el programa de Clinton, Schram y Soss concluyeron que la asistencia a los pobres "seguía estando asociada con ayuda dirigida a los negros, y las preferencias de los blancos respecto al gasto en asistencia social seguían vinculadas a estereotipos sobre el esfuerzo de los negros". En realidad, la oposición a reducir la desigualdad aumentó. Los estadounidenses ya no estaban dispuestos a que se gastara en los pobres, los negros o en programas de asistencia, porque, de hecho, "el *welfare* conserva sus connotaciones negativas". Y señalaron: "Todos los esfuerzos por recortar a los negros de esos beneficios no lograron mitigar el resentimiento racial que le dio la presidencia a Donald Trump".

Los votantes blancos de la clase obrera parecen haber estado esperando por siempre a que alguien articulara su aprensión por este Estados Unidos que tan poco se parece al de su juventud. Desde 1994, la Encuesta Social General plantea la pregunta: "¿Comparado con tus padres cuando tenían la edad que ahora tienes, ¿crees que tu nivel de vida es mucho mejor, un poco mejor, más o menos igual, un poco peor o mucho peor del que ellos tenían?"

Al respecto, en *Labor's Love Lost*, el sociólogo Andrew Cherlin señaló que los blancos sin título universitario se han vuelto cada vez más pesimistas: de 1994 a 2012, los que respondieron "un poco peor" o "mucho peor" aumentaron de 13 a 21%, en cambio, la cantidad de negros con antecedentes educativos similares que eligieran esas opciones se redujo de 19 a 11 por ciento.

Los blancos también se han vuelto más pesimistas sobre las perspectivas a futuro de sus hijos. "En los años noventa, los negros eran más negativos que los blancos en su evaluación del progreso intergeneracional —escribió Cherlin—, pero ahora son más positivos." Tan es así, señaló la profesora de leyes Joan Williams, que en 2016 los obreros blancos estaban listos para oír a alguien como Donald Trump decirles que los inmigrantes y las minorías que siguen creciendo tenían la culpa de todo.

Eso debe parecer una locura a los negros y latinos de clase obrera, que siempre han ocupado los escaños más bajos en la escala de las oportunidades. Nunca han conocido la prosperidad que alguna vez vivieran sus hermanos y hermanas blancos. Sin embargo, se encuentran encasillados en un estereotipo construido por blancos frustrados por el fin del sueño americano, definidos como beneficiarios ilegítimos de un proyecto de gobierno que traicionó a los blancos más merecedores.

Hay una gran ironía en el acogimiento entusiasta a Trump por parte de la clase obrera blanca. Su penuria se ha profundizado por causa de un gobierno que se olvidó de sus desplazados y sus pobres. La erosión de la red de seguridad social, que se ha justificado recurriendo a argumentos con tintes raciales sobre quién sí y quién no merece ayuda, también los dejó a ellos a merced de los elementos. Sin embargo, su respuesta ha consistido en enfatizar más su blancura y culpar de sus miserias a los gorrones de color.

Los objetivos de Trump provienen del mismo manual que produjo la insuficiente red estadounidense de seguridad social. Su presidencia misma es producto de la excepcional contradicción del país: renuentes a compartir el botín del Estado con gente de otras razas y religiones, ascendencias y colores, los estadounidenses "de verdad" —los blancos— han evitado que se construya un Estado de bienestar para todos. Ahora están sufriendo las consecuencias.

"Si quienes diseñan las políticas públicas en Estados Unidos comprendieran mejor la ira que alberga la clase obrera blanca contra la red de seguridad social, quizá tendrían oportunidad de crear programas que no acabaran destazados de esa manera", escribe Williams. Personalmente, no estoy muy seguro de que eso pueda cambiar a la clase obrera blanca. Hasta ahora, su enojo y desesperación están apuntalando una plataforma de políticas públicas que sólo puede socavar su propia prosperidad.

¿Qué pasará con la red de seguridad? El primer esfuerzo de Trump para recuperar la grandeza de Estados Unidos fue atacar la expansión del sistema de seguro de salud realizada por Obama en 2010, la única ampliación significativa de la red de seguridad social para los pobres y la clase media desde la Guerra contra la Pobreza de Lyndon Johnson, 50 años atrás. El segundo fue el recorte a los impuestos de las corporaciones y los ricos, y el aumento a largo plazo a los de muchos estadounidenses de clase media.

La batalla por el Obamacare precede al ascenso de Trump al escenario político. En 2010 la ley se aprobó en el Congreso con cero votos republicanos. La oposición fue por razones republicanas típicas: grava a los ricos para pagar un programa gubernamental que ayuda a la clase obrera y a los pobres. Pero Trump se las arregló para sobrecargar a la oposición republicana añadiendo abiertamente capas de hostilidad étnica y racial a su plataforma política.

Prometió que los inmigrantes ya "no van a entrar y de inmediato cobrar asistencia social", como si ignorara que la legislación aprobada durante la administración de Clinton ya imponía a la mayoría de los inmigrantes legales una espera de cinco años para el acceso a beneficios gubernamentales. Aunque sus datos fueran dudosos, su táctica política fue certera. El apoyo al Obamacare estaba en su máximo nivel histórico justo después de la elección de Trump, pero seguía teniendo un claro sesgo racial. Tres cuartas partes de los negros y 68% de los hispanos lo apoyaban, según una encuesta de la Fundación Kaiser Family realizada en noviembre de 2018. En tanto, sólo 46% de los blancos lo aprobaba.

El asalto a los legados de Roosevelt y Johnson quizá parezca la plataforma republicana estándar, pero unida a la fantasía de un pasado mejor y étnicamente uniforme, popular entre los blancos menos educados, es más preocupante. Los votantes blancos sin título universitario son el único electorado que da a Trump su fidelidad irrestricta. Confían en que se pondrá de su parte contra sus rivales que, del otro lado de la grieta étnica del país, compiten por atención y recursos. Sin embargo, es probable que los estadounidenses blancos pobres se lamenten del momento en que escogieron a Trump como su paladín. Porque en una sociedad que rechaza el concepto mismo de solidaridad, los blancos pobres también salen perdiendo.

En su libro *Coming Apart*, publicado en 2012, el escritor conservador Charles Murray se esforzó por describir a detalle la profunda disfunción social de los blancos de clase trabajadora. Propuso un pueblo ficticio de nombre Fishtown, en honor al barrio arruinado de Filadelfia. Era el hogar de estadounidenses blancos que nunca recibieron más educación que el bachillerato y, en el mejor de los casos, trabajaban en empleos de cuello blanco[3] de menor nivel.

Con base en datos del censo, Murray estimó que, en 2010, tres de cada 10 estadounidenses vivían en Fishtown. De ellos, uno de cada tres no ganaba lo suficiente para mantener fuera de la pobreza a una familia de dos. Uno de cada cinco niños vivía con un padre o madre soltero, divorciado o separado. Menos de seis de cada 10 familias estaban encabezadas por alguien con trabajo de tiempo completo. Un sistema de justicia penal del que los negros por años sospechaban que estaba diseñado para mantenerlos en la cárcel también alcanzó a los blancos pobres. En 1974 la tasa de encarcelamiento de Fishtown era de 213 por cada 100 mil habitantes. Para 2004 esa tasa se había inflado a 957, y la cifra no incluye a reclusos en cárceles municipales ni de los condados.

Desde su torre de marfil en el Instituto Americano de la Iniciativa, Murray argumentaba que Fishtown era culpa del gobierno, que el proyecto para aliviar la pobreza y ayudar a la clase obrera de Lyndon Johnson en los sesenta había minado la fibra moral de los trabajadores y los había convertido en una parva de perezosos sin valores, dependientes de dádivas públicas. Escribió: "Cuando el gobierno dice que asumirá algunas de las cosas que antes hacían las familias y las comunidades, las familias y las comunidades inevitablemente pierden parte de la acción". Cuando eso ocurre, añadió, "la red se deshilacha y termina por desintegrarse".

Yo diría que ésa es precisamente la lección equivocada. Fishtown es lo que sucede cuando el gobierno ignora las penurias de sus ciudadanos. Después de Johnson, las administraciones sucesivas reconfiguraron el contrato social del país hasta convertirlo en un

---

[3] *White collar worker*: oficinista, comerciante, banquero, empresario o cualquier trabajador que no se ensucia las manos y; cuando se acuñó la frase, usaba traje, camisa y corbata.

pacto que separaba a los merecedores de todos los demás. Diseñado para excluir al Estados Unidos negro —un territorio que había que demarcar, separado del de los honestos estadounidenses blancos—, la emasculación del Estado de bienestar inevitablemente terminó castigando también a las familias blancas empobrecidas. Una red de seguridad creada a la sombra del racismo, construida para evitar a las personas de color, para declararlas inelegibles e indignas de merecer, acabó por traicionar a los estadounidenses blancos en cuyo nombre se había construido.

Los negros son por mucho las mayores víctimas de la justicia penal estadounidense. A finales de 2016, mil 608 de cada 100 mil afroamericanos y 856 de cada 100 mil latinos estaban tras las rejas. El número equivalente de blancos era sólo 274. De todos modos, la tasa de encarcelamiento de los blancos en Estados Unidos es mucho más alta que la de 190 países. Según el Instituto de Investigación en Política Criminal de la Universidad de Londres, la proporción de estadounidenses blancos tras las rejas es el doble de la de los británicos y casi triplica la de los franceses y cuadruplica la de los alemanes. Francia, Alemania y Gran Bretaña prefirieron erigir una red de seguridad social.

4

Los negros y los latinos

Aterricé en Los Ángeles con una tarea clara. Era el año 2000 y los demógrafos estaban emocionados por saber qué descubriría el censo decenal sobre el fluido tejido social de Estados Unidos. El *Wall Street Journal* me contrató para reportar lo que se esperaba que fuera el cambio demográfico más importante: un gran aumento en el número de estadounidenses como yo.

Resultó que, durante los años noventa, la población hispana aumentó 60%, a poco más de 35 millones de personas en el año 2000. Tan sólo un año después, los latinos serían 13% de la población total y superarían a los negros como la minoría étnica más grande del país. Con tantos negocios queriendo vender sus productos a ese nicho hasta ahora ignorado del mercado de consumo, era natural que el *Journal*, cronista sin igual del mundo corporativo, mandara a un hispano a descifrar los apetitos del recién hallado sector demográfico.

No dejé escapar la oportunidad. Había pasado la mayor parte de mi carrera escribiendo para publicaciones latinoamericanas pequeñas —una agencia mexicana y luego una revista de negocios brasileña—; era mi oportunidad para empezar a escribir en inglés, nada más y nada menos que en el *Wall Street Journal*. Me tocó escribir una nota sobre la manteca que se estaba recuperando en la cocina del país, gracias a la nostalgia de los inmigrantes mexicanos por su cocina oriunda, que comenzaba a erosionar el miedo de los estadounidenses a las grasas saturadas. Escribí sobre el Consejo de Procesadores de Leche de California, que trató de utilizar la leyenda mexicana de La Llorona, una madre que ahoga a sus propios hijos, para persuadir a los adolescentes hispanos a beber más leche. Escribí sobre el Partido Republicano, esperanzado de convencer a los latinos de que su educación cristiana conservadora los hacía republicanos de corazón.

Algunas de las historias más divertidas fueron sobre compañías estadounidenses tratando de vender la chispa hispana al resto del país. La más extraña, sin duda, fue sobre los esfuerzos de Liz Claiborne para crear un aroma latino. Como me lo explicó Neil Katz, entonces encargado de la división de fragancias de la empresa, el reto era "interpretar lo que un estadounidense se imagina que es un latino". La compañía contrató a un perfumista francés para que diseñara el aroma para las mujeres y a un español para que inventara el de los hombres. Según me dijeron, se inspiraron en "Smooth", de Carlos Santana, y en las caderas de Jennifer Lopez, en el sudor de un torero al terminar su corrida y en la imagen de la Iglesia católica. Lo bautizaron Mambo, aunque recuerdo a Katz diciendo que no era el mambo lo que querían evocar. Clara Rodriguez, socióloga puertorriqueña nacida en Nueva York, autora de un libro sobre cómo son representados los hispanos en los medios estadounidenses, me preguntó si se suponía que con el perfume los hispanos se podrían reconocer entre sí.

Desde luego, los ejecutivos de marketing trafican con estereotipos. No hay nada inusual en que las compañías se acerquen a los consumidores como a una colección de nichos con distintos gustos y necesidades: hombres, mujeres, viejos, jóvenes, casados, solteros. No hay nada particularmente ofensivo en el concepto de un mercado hispano, sin embargo, la construcción de un cajon tan demarcado me incomodó. A lo largo de los años, la experiencia latina no se ha escapado de su buena dosis de brutalidad. Hubo algunos linchamientos, algunas deportaciones. Los latinos han tenido la experiencia de vivir en el lado equivocado de una frontera de color. Igual que a los afroamericanos les pueden repugnar los estereotipos de negritud en el trasfondo histórico de una violencia racial inimaginable, a los latinos —particularmente a los mexicoamericanos—

se les dificulta digerir el contraste entre la publicidad estilizada y las imágenes desoladoras de un pasado no tan distante.

Los hispanos son una suerte de ficción. No existen fuera de Estados Unidos. Lo que hay afuera son mexicanos y ecuatorianos y salvadoreños. Comparten ciertos rasgos: hablar español, haber sido colonias españolas, la larga y prepotente presencia de la Iglesia católica. Pero no conforman un colectivo coherente. Al igual que "Latinoamérica", los términos "hispano" y "latino" son etiquetas diseñadas por extraños para fabricar un colectivo.

Latinoamérica fue inventada por los franceses durante el imperio de Napoleón III, que invadió México e impuso al infortunado Maximiliano de Habsburgo como emperador del efímero Segundo Imperio Mexicano. Para evitar que el continente quedara semánticamente englobado en una suerte de gran España, Francia buscaba construir una identidad regional en torno a una raíz cultural más amplia que también incluyera la francesa. Aunque Maximiliano acabó ante el pelotón de fusilamiento y las aspiraciones de Francia en México no llegaron a nada, "Latinoamérica" pervive como sobrenombre duradero, aunque imperfecto, del mundo al sur del río Bravo.

Los "hispanos" de Estados Unidos tienen un origen distinto, producto de la pasión infatigable de los estadounidenses por la categorización étnica. El Estados Unidos de los negocios, los políticos y los funcionarios de gobierno necesitaban un nombre para un conjunto de personas distintas de los blancos tanto como de los negros. Querían un cajón en el que meternos; para contarnos, vendernos cosas, tal vez entendernos, sea lo que sea que ese "nos" signifique. De otro modo, ¿cómo podríamos figurar en la experiencia estadounidense, tan precisamente determinada por la raza de sus personajes? "Hispano" no sólo se confeccionó para separarnos del núcleo blanco del país, o de su subclase negra baja. La palabra nos creó, nos endilgó un rasgo como requisito para existir en Estados Unidos. "Hispano" no identifica una raza, como pacientemente nos repite la Oficina del Censo cada vez que nos encuesta, aunque da a nuestra otredad una pátina de objetividad científica. Inevitablemente englobada en el conjunto de guerras identitarias, la palabra nos invitó oficialmente a participar en la larga epopeya del conflicto racial en Estados Unidos.

Muchos hispanos han adoptado con entusiasmo esta etiqueta inventada. A fin de cuentas, ser parte de una comunidad de 55 millones de latinos conlleva más poder que serlo de 2 millones de salvadoreños, 5 millones de puertorriqueños o incluso 35 millones de mexicanos. En un país en el que la generosidad del gobierno se distribuye entre los grupos históricamente afectados —definidos por etnia o raza, género, nivel de estudios y tal vez edad—, tiene sentido pertenecer a uno con la palanca política suficiente para quedarse con un rebanada grande del pastel.

Como reportero del *Journal*, presencié el proceso de reconfiguración de los distritos electorales que siguió al censo de 2000. Fue entonces cuando se volvieron a trazar para adecuarlos a los cambios demográficos, y garantizar que todos los escaños en la Cámara de Representantes, las legislaturas estatales y las asambleas municipales representaran aproximadamente a la misma cantidad de personas.

Me recuerdo de pie en un cuarto lleno de operadores políticos hispanos. Art Montez, miembro de la junta escolar local, estaba inclinado sobre un mapa del condado de Orange con un marcador en la mano. Su objetivo era maximizar la palanca política de la creciente población de latinos: debía dibujar las fronteras políticas de los distritos electorales que tuvieran suficientes hispanos, para elegir a uno de los suyos como representante, pero no tantos como para privar a algún distrito vecino de la cantidad de latinos necesarios para hacer lo mismo.

Montez casi no mencionó la palabra "hispano". En 1993 la Suprema Corte dictaminó que la raza no puede ser un factor predominante para justificar la reconfiguración de las fronteras electorales. Declaró que los distritos deben estar basados en "comunidades de interés", un término nebuloso que podía incluir cualquier cosa, desde nivel educativo hasta ser o no propietario de una vivienda. "La manipulación del trazo de los distritos por razones raciales", argumentó la Corte en *Shaw vs. Reno*, "podría balcanizarnos hasta convertirnos en facciones raciales en competencia". El intento de armar una mayoría electoral a partir de la identidad latina era una estrategia legalmente vulnerable.

Ese fallo de la Suprema Corte lo escribió la juez Sandra Day O'Connor, que en ese entonces era el sostén del centro en el espectro ideológico de la Corte. Entendía mejor que la mayoría lo difícil que es traspasar las barreras que el prejuicio ha construido a lo largo y ancho de la sociedad estadounidense. Después de graduarse de la Facultad de Derecho de Stanford en 1952, no consiguió entrevista alguna para trabajar en un despacho y terminó por aceptar un empleo gubernamental como fiscal adjunta del condado de San Mateo, California. No obstante, hizo lo que debe contarse como una de las declaraciones menos sinceras en la historia de las díscolas relaciones raciales en el país. "Las clasificaciones raciales de cualquier tipo tienen el riesgo de hacer un daño duradero a nuestra sociedad", escribió en el fallo 5-4. "Refuerzan la creencia, compartida por demasiadas personas durante una parte demasiado larga de nuestra historia, de que los individuos deben ser juzgados por su color de piel."

Es evidente que para la juez O'Connor la discriminación que ejercen las instituciones del Estados Unidos blanco contra la gente de otros tonos de piel era un problema menor comparado con los daños que podrían emerger de permitir que las minorías se organizaran para su propia defensa. Dijo que usar la raza para trazar distritos electorales "amenaza con alejarnos más de la meta de un sistema político en el que la raza ya no importe". Aparentemente, desde su perspectiva, construir instituciones que empoderaran a las minorías étnicas para defender sus derechos civiles representaba un retroceso en el inexorable progreso estadounidense hacia la armonía racial.

Yo era un recién llegado, por así decirlo. Aunque nací en Estados Unidos, hasta entonces había vivido la mayor parte de mi vida fuera, sobre todo en México. Presenciar las contorsiones de Montez para producir un distrito electoral en su mayor parte latino sin hablar nunca de latinos fue mi primera experiencia directa de la brecha que hay entre cómo se vive la raza y cómo se habla de ella. Fue una lección crucial que se convirtió en curso intensivo sobre el poder de la raza como factor determinante de todo en el país.

Al reportar sobre latinos en Los Ángeles, descubrí que la raza sí está en todos lados. Determina dónde vas a estudiar, a rezar, a trabajar; cómo te vistes y hablas; con quién te casas; cómo te va cuando te encuentras con la policía. Las fronteras raciales moldean las instituciones estadounidenses, lo aceptemos o no. Cuando conversamos, Pedro Colón, un latino de la Asamblea Estatal de Wisconsin, se lamentó del proceso de redistritación tras el censo de 2000: "No puedo mencionar la raza, pero de eso estoy hablando".

Conforme aprendí sobre el poder de la raza para configurar a la sociedad, también comprendí que su huella es más complicada de lo que sugiere la imagen convencional de un conflicto binario entre blancos y negros. El terror que los blancos han infligido a las comunidades negras indefensas tal vez sea la herida más profunda del racismo. Paro hay otras divisiones. En Los Ángeles abundaba la hostilidad racial entre personas que podrían haberse considerado hermanas unidas contra un opresor común. Existía entre latinos y negros, e incluso al interior de la supuesta familia hispana. A pesar de muchas experiencias y creencias compartidas, los mexicanos y salvadoreños peleaban por territorio como acérrimos enemigos.

Es importante aplicar ese matiz al discurso tradicional, porque deja en claro lo que se necesitará para superar el racismo fundacional de Estados Unidos. No sólo es cuestión de lograr la armonía entre blancos y negros. Hay otras brechas que cerrar. La desconfianza permanente entre ese binomio, entre latinos y asiáticos, mexicanos y salvadoreños y guatemaltecos, ha moldeado a la sociedad estadounidense a un grado que la gran mayoría de sus ciudadanos ignora o no está dispuesta a aceptar. Algunos científicos sociales pronostican esperanzados que las relaciones raciales mejorarán conforme la gama étnica del país se vuelva más compleja y vaya incorporando distintos tonos de piel, idiomas y costumbres. Sin embargo, el pasado no justifica mucho optimismo.

Los Ángeles había vivido su último gran motín menos de una década antes de que yo llegara. Empezó la tarde del 29 de abril de 1992, cuando un jurado de 10 blancos, un latino y un asiaticoamericano absolvieron a cuatro policías a los que habían grabado golpeando a un taxista negro, Rodney King. Hubo 52 muertos, 2 mil 499 heridos, 6 mil 559 arrestados. Esa revuelta en el centro-sur de Los Ángeles no fue la primera en el país. En ese entonces, los disturbios eran una preocupación persistente. Casi tres décadas antes, 34 personas habían muerto en el del barrio Watts, también en Los Ángeles, como consecuencia del arresto de un joven afroamericano por manejar borracho. El 27 de julio de 1967, luego de los disturbios de Newark y Detroit, el presidente Lyndon Johnson fundó la Comisión Asesora Nacional sobre Desórdenes Civiles, para que averiguara las causas de las agitaciones. El gobernador de Illinois, Otto Kerner, dirigió la evaluación de los disturbios y comunicó sus resultados en el llamado Informe Kerner. En él se asentaba con palabras hoy famosas: "Ésta es nuestra conclusión básica. Nuestro país se está convirtiendo en dos sociedades, una negra y una blanca, separadas y desiguales".

Lo que estaba en juego difícilmente podría ser un riesgo mayor: "La destrucción de los valores democráticos básicos". Los negros estaban abiertamente segregados en el empleo, la educación y la vivienda. Las autoridadas dejaron decaer el centro de las ciudades en el abandono, conforme los blancos huían a los suburbios. Los negros se encontraron aislados en guetos urbanos empobrecidos y azotados por el crimen, rumiando las expectativas no cumplidas de un movimiento por los derechos civiles que fue decididamente insuficiente. Lo único que los alborotadores querían era "una mayor participación en el orden social y los mismos beneficios materiales que disfruta la mayoría de los ciudadanos".

Aunque las cada vez más profundas divisiones raciales no eran irreversibles, los comisionados señalaron: "Seguir con las políticas actuales es hacer permanente la división de nuestro país en dos sociedades. Una, en su mayoría negra y pobre, en los centros de las ciudades; la otra, predominantemente blanca y acomodada, en los suburbios y zonas circundantes". Vislumbraban "protestas violentas" de los negros, "seguidas de represalias de los blancos y, al final, la separación de ambas comunidades en un Estado autoritario". Argumentaron que la única opción para Estados Unidos era "una política pública que combinara el enriquecimiento de los guetos con programas diseñados para fomentar la integración de números significativos de negros a la sociedad fuera del gueto".

Cuando llegué a Los Ángeles, las tensiones raciales no eran tan explosivas como una década atrás, pero estaban bien arraigadas en toda la ciudad. La llegada de un gran número de mexicanos y centroamericanos durante los 30 años anteriores había complicado aún más las alianzas y animadversiones que moldeaban los barrios locales. En un estudio sobre las causas de los disturbios, los investigadores de la economía urbana Edward Glaeser y Denise DiPasquale comentaron que parte de la razón del motín de 1992 era el alto desempleo de los jóvenes negros de la zona. También destacaron otro factor crucial: la diversidad étnica. De 1970 a 1990 la proporción de afroamericanos en el centro-sur de Los Ángeles se había reducido de 80 a 45%, mientras que la de hispanos había aumentado de 8 a 51%. "Seguimos lejos de entender por qué la heterogeneidad étnica es tan importante en el comportamiento de los disturbios —escribieron—, pero sí parece ser un componente central de por qué suceden."

La principal división racial en Estados Unidos sigue siendo entre negros y blancos. Sin embargo, cualquiera que hoy llegue a Los Ángeles reconocerá que no es la única. Cuando viví ahí los conflictos entre pandillas negras y latinas eran cosa de todos los días. Poderosas pandillas latinas aterrorizaban a los afroamericanos, en una campaña abierta de limpieza étnica para sacarlos de sus barrios. En las prisiones estatales había revueltas de negros contra latinos. Las tensiones se reflejaban en el escenario político de California, donde los políticos afroamericanos batallaban por preservar escaños en el Congreso, la legislatura estatal y las asambleas municipales, aun cuando disminuía la proporción de su población mientras crecían los enclaves latinos y asiáticos.

Incluso a los académicos liberales les costaba trabajo aceptar a los hispanos en su carpa. En un ensayo sobre dónde cabían los latinos en un Estados Unidos multicultural, los académicos Albert Camarillo y Frank Bonilla observaron cómo en los años ochenta el prominente profesor de derecho Lance Liebman convocaba "a una Suprema Corte suficientemente sabia y hábil para ratificar decisiones legislativas que ayuden a los negros, pero que por ser las justificaciones más débiles y los costos al tejido social tan grandes se rehúse a apoyar la extensión de esos acuerdos a otros grupos". "Otros grupos" aludía a la gente como yo.

En la campaña de 2007, ante una convención hispana Barack Obama citó a Martin Luther King Jr. y llamó a los negros y a los latinos "hermanos en la lucha por la igualdad". Sí, tal vez algún día. Los negros y los latinos en todo el Estados Unidos urbano mutuamente se siguen considerando sobre todo competidores por los escasos recursos económicos, políticos y sociales. En el sur de California, cualquier ímpetu a favor de la solidaridad interétnica debe lidiar con la competencia por empleos y por vivienda asequible.

Llegué a oír a operadores políticos latinos quejarse de que los negros estaban sobrerrepresentados en los puestos gubernamentales, mientras los hispanos estaban condenados a lo opuesto. Por su lado, los afroamericanos se quejaban de los recursos gastados en enseñar inglés a los inmigrantes mexicanos.

Compton, una ciudad engullida por la mancha urbana de la zona metropolitana de Los Ángeles, a unos 16 kilómetros del centro, ofrece una anécdota reveladora sobre cómo el cambio demográfico y la animadversión étnica han moldeado la historia del sur de California. Hace no mucho tiempo, la ciudad era prácticamente blanca. Hasta los años cincuenta, lugares como Compton, Lynwood e Inglewood ni siquiera permitían que los negros residieran dentro de sus límites. Protegían su homogeneidad racial de los afroamericanos que llegaban del centro-sur de Los Ángeles y del sur del país, aplicando cláusulas racistas a las hipotecas y títulos de propiedad.

En 1948 la Suprema Corte falló que las cláusulas restrictivas de bienes raíces no eran aplicables por ley. Y las inmobiliarias que habían sido las encargadas informales de la exclusión racial, alejando a los negros de los enclaves blancos, cambiaron de estrategia para avivar las llamas de la estampida de blancos hacia los suburbios. Los instaron a vender e irse antes del inminente colapso del valor de las propiedades, que ocurriría en cuanto los negros se instalaran en el vecindario.

Para 1960 alrededor de un tercio de los residentes de Compton eran negros. Compartían West Compton con un pequeño enclave de hispanos. Los blancos eran 60% de la población, en su mayoría del lado oriente. Luego, en 1965, los disturbios del barrio Watts, justo al norte de los límites de la ciudad, persuadió a los blancos que permanecían de huir al oeste. Para 1970 el 71% de la población era afroamericana y Compton se convirtió en la primera ciudad al oeste del río Misisipi en ser gobernada y administrada por negros.

Sin embargo, su composición racial seguiría cambiando. En 1965 la Ley de Inmigración Hart-Celler acabó con las cuotas nacionales que limitaban las visas de inmigrante para personas de países del norte de Europa, y prácticamente prohibían las de gente de países pobres, como México. La inmigración en la frontera sur se disparó. En 1960 había 1.75 millones de nativos mexicanos viviendo en Estados Unidos, para el año 2000, cuando llegué a Los Ángeles, eran más de 21 millones. Compton recibió una buena cantidad. En 1990 los negros conformaban más de la mitad de sus habitantes; en 2000, alrededor de 60% era latino. La nueva mezcla produjo una nueva variedad de tensiones sociales y políticas que desmiente la creencia en una fraternidad de los desposeídos.

A los activistas latinos de Compton no les faltaban quejas contra los negros, el alcalde negro, el consejo municipal totalmente negro. Hablaban del decreto que prohibía los camiones de tacos y otros carros de comida que apestaba a discriminación abierta, de los empleos municipales todos para los negros, del control de los afroamericanos sobre las escuelas, la cámara de comercio local y la máquina del Partido Demócrata. Decían que los negros no mostraban ninguna inclinación a compartir. Los latinos acusaron de traición al alcalde Omar Bradley cuando, después de haber sido elegido en 1993 con el apoyo de los hispanos, no cumplió su promesa de lograr que un latino lo reemplazara en el consejo municipal y prefirió apoyar a otro afroamericano.

En su intervención de 1998 ante el consejo municipal conformado totalmente por negros, una activista latina evocó la historia
de la política entre blancos y negros en los años sesenta. "No hace
tantos años los negros estaban en este podio diciendo las mismas
cosas de los blancos. ¿Cómo lo pueden olvidar?" Pero los políticos
afroamericanos la ignoraron. Los latinos tenían que ser pacientes.
Tenían que volverse ciudadanos, registrarse para votar, ganar según
las reglas. No entendían el costo que los negros habían soportado en
su lucha por la emancipación y la representación política.

Quizá la educación fuera el ámbito más obvio para desatar tensiones. Los latinos seguían siendo la gran mayoría de la población
escolar de Compton, pero los afroamericanos controlaban la junta
escolar. En 1990 los defensores de los derechos de los hispanos se
quejaron de que había más de 8 mil niños en las escuelas públicas de
Compton que hablaban poco o nada de inglés, pero sólo 46 maestros bilingües certificados. Los líderes políticos afroamericanos no
sintieron empatía. "El problema del idioma no me inspira respeto.
Estamos en Estados Unidos —dijo John Steward, un miembro de la
junta escolar—. Que una persona no hable inglés no es razón para
brindarle recursos excepcionales con dinero público."

En cuanto a la exigencia de los latinos de que Compton instau-
rara un plan de acción afirmativa para contratar a más hispanos en
empleos municipales y del distrito escolar, Steward contestó que
los programas de acción afirmativa se habían establecido como re-
paración por la esclavitud de los negros, y no se basaban "en andar
cruzando la frontera 10 o 15 veces al año".

En Estados Unidos las tensiones entre negros y morenos han
estallado por todo el suroeste y más allá conforme la población hispana se ha expandido y formado una nueva división étnica en el
mapa nacional, con nuevos conjuntos de ganadores y perdedores
relativos en la zona.

En entornos donde los latinos tienen una ventaja económica superior
a la de sus vecinos negros, éstos son más propensos a albergar estereotipos negativos sobre ellos, más reacios a extenderles las mismas

políticas públicas que ellos disfrutan, y a percibir que los intereses económicos y políticos de negros y latinos son incompatibles —escribió Claudine Gay, profesora de estudios gubernamentales y afroamericanos—. Aunque los resultados sugieren que la diversidad sin conflicto es posible, dejan claro que las posibilidades de lograr armonía entre grupos dependen de alguna resolución sobre las inseguridades económicas de los negros.

Efectivamente. El 9 de mayo de 2007, mientras el intento de reforma de inmigración a gran escala de George W. Bush navegaba hacia su derrota definitiva en el Congreso, T. Willard Fair, presidente y director ejecutivo de la Liga Urbana de la Zona Metropolitana de Miami, se dirigió al Subcomité de Inmigración, Ciudadanía, Refugiados, Seguridad Fronteriza y Derecho Internacional del Comité Judicial de la Cámara de Representantes: "Los intereses de los estadounidenses negros están claros —dijo—. Nada de amnistía, nada de trabajadores temporales, apliquen la ley de inmigración". Sin importar lo que el gobierno hiciera para ayudar a los afroestadounidenses, "inundar el mercado laboral y abrumar las escuelas públicas y demás servicios gubernamentales socava todos nuestros esfuerzos".

La opresión de los negros por las instituciones del Estados Unidos blanco es el pecado definitorio del país. Durante 400 años los negros han sido sometidos a violencia, discriminación y maltrato. Los blancos han diseñado políticas específicas para desviarlos a guetos e impedir su prosperidad, y luego darse la vuelta y predicarles virtud. No obstante, la división entre blancos y negros no es la única grieta en el país. La hostilidad entre negros y latinos, o incluso entre blancos y latinos, podría no haber engendrado el tipo de violencia continua, institucionalizada, infligida por los blancos contra los negros como rutina cotidiana, pero en los hechos ha contribuido decididamente a moldear las instituciones del país, configurando más profundamente su falta de empatía.

El demógrafo y urbanista Dowell Myers cree que los mensajes políticos correctos pueden aliviar las rivalidades étnicas. Ha escrito que "el rápido cambio demográfico está atrayendo nueva atención a la necesidad de mayor equidad entre grupos raciales y étnicos". Añade que la población blanca está envejeciendo, por lo que subrayar que los trabajadores, contribuyentes y compradores de viviendas que mantendrán la economía estadounidense en el futuro serán sobre todo gente de color podría tal vez convencer a los blancos de aceptar la solidaridad entre las razas.

Myers admite que ésa no es la única manera de pintar el futuro. Muchos blancos prefieren entender el cambio demográfico como una amenaza a su dominio. Además, las personas de color no siempre se ponen de acuerdo.

Para un mexicoamericano que había pasado la mayor parte de su vida fuera de Estados Unidos, lo que más me desconcertó al volver fue la frecuencia con que la raza se hacía presente en la vida cotidiana, y la naturalidad con la que los estadounidenses vivían dentro de su cajón étnico asignado. Yo soy mestizo, hijo de un anglo de Chicago —blanco, ojos verde-gris, 1.82 metros de estatura— y una madre mexicana morena, que mide poco más de 1.50 metros y tiene una mezcla de sangre europea e indígena. Parezco blanco, como me dijo Brent Staples, un excolega del consejo editorial del *New York Times*. Los mexicanos de clase obrera me dicen "güero". Mientras crecí en la Ciudad de México, donde la correlación entre color de piel y privilegio es por lo menos tan fuerte como en Estados Unidos, tuve una vida privilegiada. Pero en México, como en la mayor parte de Latinoamérica, la identidad racial es un concepto mucho más fluido. Tiene poco del poder organizador que la historia le otorga en Estados Unidos.

Latinoamérica no es ajena a los conflictos étnicos. Había cientos de culturas indígenas repartidas por el continente cuando los europeos llegaron a colonizarlas y evangelizarlas en el siglo XVI, para luego aniquilar a muchas. Brasil tiene una historia esclavista incluso más brutal que la estadounidense. Entre 1550 y 1875 desembarcaron en sus costas casi 5 millones de esclavos africanos, más del quíntuple que en Estados Unidos, según la Trans-Atlantic Slave Trade Database.

Los colonizadores europeos de lo que hoy es Latinoamérica estaban tan obsesionados como otros con las clasificaciones raciales, diseñaron una compleja taxonomía para separar a la población de la Nueva España en siete "castas" básicas. El espectro empezaba con los españoles nacidos en España, pasaba por los mestizos y mulatos —de sangre europea e indígena o europea y africana—, y terminaba con los nativos del Nuevo Mundo. Estas categorías y sus muchas subdivisiones determinaban un claro orden jerárquico de privilegios sociales, políticos y económicos.

Con todo, hoy la mayoría de los latinoamericanos se entienden como mezcla racial. Casi la mitad de los brasileños se definen como mestizos, o *pardos*, más que como blancos. La última vez que el censo mexicano indagó la pertenencia racial fue en 1921. Hasta el del año 2000, cuando planteó una pregunta directa sobre identidad indígena, había mantenido el seguimiento de esas comunidades tan sólo por vía de la lengua. José Vasconcelos, un político y filósofo que fue el primer secretario de Educación del país, escribió en la década de 1920 que los mexicanos éramos la "raza cósmica", la que incluye a todas las demás.

Después de que los países latinoamericanos se separaran de Europa, las afinidades étnicas acabaron por subsumirse en un parentesco mestizo promovido oficialmente, parte de una estrategia continental por construir naciones coherentes a partir de una gran variedad de pueblos. "La gran mayoría de la población tiene alguna mezcla de sangre indígena", comentó Henry George Ward, el encargado de negocios del consulado británico en México entre 1825 y 1827, poco después del final de la Guerra de Independencia. "Pocos en la clase media —abogados, curas, artesanos, pequeños propietarios y soldados— podrían demostrar que están exentos de ella; hoy día, cuando una conexión con los indígenas ya no tiene desventajas, pocos intentan negarla."

No fue sencillo. La idea de una nación de razas mezcladas tardó hasta principios del siglo XX en superar las ideologías blanqueadoras que habían sido dominantes durante el siglo anterior. Fue con el tiempo que la identidad mestiza se convirtió en una herramienta importante de construcción nacional, parte de una narrativa que minimizó las afinidades raciales y étnicas para crear poblaciones nacionales homogéneas. En la Plaza de las Tres Culturas de Tlatelolco, cerca del centro de la Ciudad de México, donde Cuauhtémoc, el tlatoani mexica se rindió al ejército español dirigido por Hernán Cortés el 13 de agosto de 1521, hay una inscripción que dice: "No fue triunfo ni derrota, fue el doloroso nacimiento del pueblo mestizo que es el México de hoy".

Eso no quiere decir que Latinoamérica haya lidiado con sus divisiones raciales mejor que Estados Unidos. Aunque una cultura mestiza dirigida por el Estado las borre, también permite a las élites políticas negar el racismo mientras privan a las minorías étnicas de su identidad. En Brasil y Guatemala la idea de una nación mestiza se ha usado para rechazar políticas de acción afirmativa e ignorar los derechos culturales de grupos minoritarios. Cuando la guerrilla zapatista estalló en la selva del estado de Chiapas en 1994, conformada por tzeltales y tzotziles dirigidos por el Subcomandante Marcos —un hombre blanco y urbano—, los mexicanos parecían sorprendidos por la sola existencia de esos grupos indígenas empobrecidos que subsistían al margen de la sociedad, con pocos derechos económicos y políticos.

El hecho es que en ningún lugar de Latinoamérica la raza es tan determinante de las condiciones sociales y económicas como en Estados Unidos. En este país, las fronteras raciales han sido inscritas por siglos en las políticas públicas, leyes y contratos. Incluso en el amor ha sido difícil cruzarla. En 2013 sólo uno de 16 matrimonios incluía cónyuges de distintas razas; en 1970, la proporción era uno de cada 100. En 16 estados el matrimonio interracial fue ilegal hasta 1967, cuando la Suprema Corte determinó que las leyes contra el mestizaje eran inconstitucionales.

El Comité de Relaciones Exteriores del Senado demostró que Estados Unidos entendía la identidad racial de otra manera en su "Investigación de asuntos mexicanos" de 1920, tras la Resolución 106 de "investigar la cuestión de los ultrajes contra ciudadanos estadounidenses en México". Imaginen, pedía, "un mayor o menor porcentaje de sangre extranjera, principalmente española, mezclada con las 57 variedades originales de sangre indígena, y que la sangre española no se renueva ni se refuerza, sino que se debilita generación tras generación, y que uno pueda vagamente percibir los contornos de los problemas raciales de México".

En Estados Unidos los esfuerzos de la Oficina del Censo para incorporar a los estadounidenses "mestizos" a sus categorías se han enfocado en determinar la distancia de la persona con la blancura. En el siglo XIX también se usaron clasificaciones como "*mulatto*" que, al igual que "*quadroon*" y "*octoroon*", dependían de la cantidad de sangre blanca de una persona. Los inmigrantes del sur del río Bravo pasaron de tener su propia raza "mexicana" en 1930, a ser clasificados como blancos de 1940 a 1970 y, en los últimos tres censos, a tener el derecho de elegir su clasificación racial. Algunas de estas categorías han dependido del color de piel. Otras —como "indioestadounidense", "chinoestadounidense" o "filipinoestadounidense"—, del lugar de origen. Otras más, como "hindú", de la religión. También se ha considerado "isleño asiático o del Pacífico", como una raza que abarca un universo de miles de millones de personas de ascendencia, culturas, historias, religiones, lenguas y tonos de piel distintos.

En el año 2000 la Oficina del Censo trató de reconocer las identidades mixtas al permitir a los encuestados marcar todos los cuadros que quisieran de las seis opciones de su formulario: blanco, negro, asiático; amerindio o nativo de Alaska; nativo hawaiano u otro isleño del Pacífico, y "alguna otra raza". Eso sumaba 63 identidades raciales posibles: las seis razas individuales, 15 combinaciones de dos posibles, 20 combinaciones de tres, 15 de cuatro, seis de cinco, y una gran mezcla de las seis: blanco-negro-asiático-amerindio o nativo de Alaska-nativo hawaiano u otro isleño del Pacífico-alguna otra raza. A los estadounidenses no les interesó el experimento. Menos de 3% marcó más de una opción, sin importar que las pruebas genéticas sugieran mucho mestizaje entre estadounidenses de origen africano y europeo. Tal como lo entiende la mayoría de los estadounidenses, el universo sólo ofrece un cajón racial.

Las fronteras raciales rígidas son particularmente difíciles para los latinos. Menos de 5% de los hispanos marca más de una opción racial. Dos tercios dicen que son blancos. Más de un cuarto ni siquiera puede encontrar su identidad racial en el formulario, marca "alguna otra raza" y luego escribe "mexicano" o algo por el estilo en la línea punteada. En 2010 "alguna otra raza" resultó ser la tercera categoría racial más grande en Estados Unidos. Eso desquicia a los demógrafos de la Oficina del Censo. Llevan años tratando de sacar a los latinos de la ambigüedad racial del "otra" y han considerado eliminar esa opción por completo, para obligar a los hispanos a marcar alguno de los cajones raciales más reconocibles. Han argumentado que la etnicidad hispana no es una raza que justifique incluir dos preguntas separadas en el formulario. En su cambio de opinión argumentan que "hispano" debería incluirse como categoría racial bien definida, para obligar a los latinos a declarar una lealtad consistente. Batallando por una taxonomía racial de la sociedad, nos han mostrado lo arbitraria que en realidad resulta la clasificación.

Hace mucho que la raza en Estados Unidos es un muro. Luego de la breve era de la Reconstrucción tras la Guerra Civil, la discriminación racial quedó incrustada en la legislación Jim Crow por todo el sur, donde se segregó a los negros de los blancos en todos los lugares públicos, incluyendo escuelas, baños y restaurantes, incluso bebederos. Previo a la Guerra Civil, la regla de que una gota de sangre africana convertía en negro a cualquier blanco —definición conveniente que libraba a los esclavistas de la responsabilidad de los hijos que tuvieran con sus esclavas— fue una ley formal en los estados de la antigua Confederación, desde 1910 hasta la década de 1930.

Durante el último siglo, la raza ha determinado dónde la persona puede vivir, si puede conseguir un préstamo, qué puesto le toca en el ejército y si puede obtener un empleo en el gobierno federal. La misma lucha contra la discriminación racial, que culminó en la Ley de Derechos Civiles de 1964 y en la del Derecho al Voto de 1965, reiteró que la raza era el marcador social más relevante. Ratificó su lugar como la variable en torno a la cual organizar a la sociedad. Su medición sigue siendo una herramienta de gobernanza clave hasta nuestros días.

Yo no he sido víctima de la violencia racial de Estados Unidos. Nunca me ha cateado un policía ni he perdido el trabajo por mi tono de piel. Tal vez mi identidad latina incluso me haya ayudado a conseguir trabajo en el *Journal* y en el *Times*, que me han de haber considerado como una minoría deseable para lograr sus metas de diversidad y diluir su imagen de bastiones de blancura. De todos modos, me pregunto si no habría una mejor manera de lidiar con la realidad multirracial y multicultural del país.

El país no puede simplemente "superar" sus divisiones raciales. La noción de que la raza ya no tendría que contar —de que las universidades y las agencias gubernamentales deberían olvidarse de fomentar la diversidad racial, de que el censo debería dejar de medirla— parece ridícula ante la discriminación persistente. Un siglo y medio después de la abolición de la esclavitud y más de 50 años después de la Ley de Derechos Civiles, Estados Unidos sigue lleno de racismo descarado. Resalta contra el fondo tecnológico de la sociedad contemporánea, como una mancha sangrienta de nostalgia por un pasado brutal. Descartar la raza de la lucha por la justicia social desataría la trama de la desigualdad en Estados Unidos de su hilo principal. No es coincidencia que la derecha política pida vociferante una sociedad ciega a las razas. Es la misma alianza política que se opuso a la agenda por los derechos civiles desde el principio.

Aunque el apoyo a las perennemente marginadas minorías étnicas deba seguir siendo una prioridad en el proyecto de construcción de una sociedad más justa, construir políticas públicas según las fronteras raciales no puede ser el último objetivo. No hay una sola injusticia racial, sino muchas. Diseñar políticas públicas para resolverlas una por una dividiría a Estados Unidos en una colección dispar de protocolos para hacer valer las exigencias, inevitablemente diversas y contrapuestas, de los distintos grupos por recursos y poder. Entender a este país como un conjunto de bastiones étnicos exclusivos luchando por su rebanada del pastel socavaría aún más lo que más falta hace: confianza social. Sin ella, los estadounidenses nunca podrán construir una mancomunidad de propósitos compartidos, y el país nunca llegará a ser una verdadera nación.

Los californianos lo vieron venir primero. En 1994 más de cinco millones acudieron a las urnas para reelegir al gobernador republicano Pete Wilson, para otro periodo de cuatro años. Por un margen abrumador, también aprobaron la Proposición 187. La iniciativa llamada "Salvemos Nuestro Estado" pretendía proteger a los californianos nativos del peligro de los inmigrantes que entraban a raudales por la frontera sur. Excluía a los inmigrantes ilegales de los programas sociales y de otros servicios que no fueran de emergencia, incluyendo la educación pública. Requería de las personas que operaban los programas de asistencia pública que denunciaran ante las autoridades migratorias a la gente que sospecharan que estuviera ilegalmente en el país.

Para entonces el número de personas en California nacidas en el extranjero se había multiplicado y ya era casi la cuarta parte de la población, cuando en 1970 no llegaba a 10%. El gobernador Wilson aprovechó el miedo incipiente de los californianos a esa transformación étnica para influir en los votantes descontentos con su manejo de una recesión profunda y prolongada. Los hispanos viejos del estado aún recuerdan su anuncio de campaña, una imagen en baja resolución de latinos corriendo por una carretera cerca de un cruce fronterizo, mientras una voz en *off* advertía: "No dejan de llegar". Además, Wilson demandó al gobierno federal por no lograr detener una "invasión" de inmigrantes indocumentados, con base en la cláusula constitucional de invasión, que obliga al gobierno federal a proteger a los estados de tales intrusiones indeseadas.

Al igual que el sur había demonizado a los negros como una amenaza violenta a la sociedad, la Proposición 187 aprovechó astutamente el miedo a los "extranjeros ilegales" para atizar el de los votantes blancos. Linda Hayes, la vocera de esa proposición en el sur de California, escribió en una carta al *New York Times*: "Si estas tendencias continúan, una California controlada por México podría votar por establecer el español como idioma único del estado [además] 10 millones de californianos anglófonos podrían huir, y podría haber un voto estatal para abandonar la Unión y anexar California a México".

La Proposición 187 fue finalmente detenida por una corte federal, al determinar que infringía un ámbito de jurisdicción exclusiva del gobierno federal sobre las leyes migratorias. Pero la estrategia política de Wilson tuvo un impacto enorme. Hoy en día, los operadores republicanos reconocen contritos que la táctica de tierra arrasada del gobernador tal vez haya arruinado toda posibilidad de que su partido vuelva al poder algún día en un estado en el que tres de cada 10 votantes elegibles son hispanos. Sin embargo, dos años después, la iniciativa para salvar a los californianos de los inmigrantes sirvió de inspiración para el capítulo migratorio del paquete federal de reforma al sistema nacional de asistencia social que empujó el presidente Clinton.

Los inmigrantes indocumentados ya estaban excluidos de los programas de asistencia federal a los pobres. La reforma de la seguridad social de Clinton restringió por primera vez el acceso a esos programas a los inmigrantes legales, incluyendo el de asistencia social, los vales de despensa y el seguro de salud. También concedió a los estados el poder de negar beneficios a los inmigrantes que no fueran ciudadanos. Para Clinton, que intentaba lograr que los votantes dejaran de ver al Partido Demócrata como el partido del *welfare*, fue una decisión política fácil.

"Francamente, si estamos recortando beneficios y asistencia social para nuestros ciudadanos, no veo por qué deberíamos decir que tenemos obligaciones con quienes ni siquiera son ciudadanos de nuestro país", explicó el diputado republicano de Florida, E. Clay Shaw. Como dijo el texano Bill Archer, también republicano: "Mis ancestros, y la mayoría de nuestros ancestros, no llegaron a este país con las manos extendidas para recibir cheques de asistencia social". No eran argumentos a los que el presidente quisiera oponerse. Además, la Oficina de Presupuesto del Congreso estimó que las restricciones a la eligibilidad de los no ciudadanos generarían 44% de los 54 mil millones de dólares proyectados como ahorro de la reforma social durante sus primeros seis años de aplicación.

Los políticos como Shaw nunca lo habrían recalcado, pero las cláusulas migratorias de la reforma de la asistencia social tenían otro objetivo. Al reducir la supuesta atracción magnética que los programas de asistencia federal ejercían sobre los pobres de México y países más al sur, cumplirían con la meta migratoria de mejorar la "calidad" de los inmigrantes admitidos. George Borjas, un economista que se desempeñó como asesor de Pete Wilson durante su campaña de reelección de 1994, con frecuencia ha planteado que la calidad de los inmigrantes ha declinado desde los viejos tiempos, cuando las leyes migratorias prohíbian la entrada a todos excepto a personas del norte de Europa. En su libro *We Wanted Workers: Unraveling the Immigration Narrative*, argumentó que los recién llegados del sur no sólo son menos productivos que los del pasado, sino que están minando las fuerzas propias del país. "Imaginen que los inmigrantes traen consigo algo de equipaje, y ese bagaje, cuando lo liberan en su nuevo entorno, diluye parte de la ventaja productiva del norte."

Su argumento se basa en unas cuantas nociones equivocadas. Para empezar, los programas de asistencia pública no son imán para casi nadie. Es cierto que en 1995 alrededor de un tercio de los hispanos recibía algún tipo de ayuda federal para los pobres, pero en su enorme mayoría se trataba de ciudadanos. "Se podría decir que la ley superpuso las metas generales de la reforma —promover el trabajo y el matrimonio y reducir el uso de la asistencia social— a una población generalmente caracterizada por su bajo uso de esa ayuda, sus altos niveles de empleo y una probabilidad significativamente más alta de vivir en familias intactas que los pobres nacidos en el país", escribieron Michael Fix, Randy Capps y Neeraj Kaushal en una evaluación del impacto de la ley. Es más, tampoco hay evidencia ni de la calidad inferior de los inmigrantes ni de que tengan un efecto pernicioso en las habilidades de los estadounidenses. Entre 1970 y 2016 el número de inmigrantes con por lo menos cuatro años de universidad creció de 9 a 31%, casi la misma proporción que entre la población estadounidense nativa. La tasa de titulación entre todas las personas del país mayores de 25 años aumentó de 11 a 35%. Al igual que la estrategia electoral de Pete Wilson, el capítulo migratorio de la reforma social estaba en gran medida basado en prejuicios.

Los inmigrantes sufrieron las consecuencias. Por ejemplo, según un análisis de la Comisión Ciudadana de Derechos Civiles, en el condado de Los Ángeles la aprobación de casos de asistencia social y Medicaid para residentes legales cayó 71% en los dos años anteriores a enero de 1998, en tanto la de casos de ciudadanos quedó igual.

> Estos cambios en la aprobación de ayuda a migrantes ocurrieron a pesar de que su eligibilidad no había cambiado en California —escribieron Michael Fix y Wendy Zimmermann—. Por lo tanto, los resultados sugieren que la reforma del *welfare* y otros cambios en políticas públicas relacionados están teniendo un efecto profundo y escalofriante en el uso de servicios públicos por los inmigrantes elegibles.

Años después, un estudio de las economistas Marianne Bitler y Hilary Hoynes concluyó que a raíz de la gran recesión tras el colapso de la burbuja inmobiliaria de 2008, la red de seguridad estadounidense no tuvo nada que ofrecer a los hijos de inmigrantes, a pesar de que casi todos fueran ciudadanos. El daño no se limitó a los inmigrantes y sus hijos nacidos estadounidenses. Dar la espalda a un grupo más de "otros" significa que el sistema político aflojó aún más los tornillos que mantienen unido al país.

Todo ello empezó como reacción violenta a la Guerra contra la Pobreza de Lyndon Johnson. El resentimiento racial no sólo puso a los blancos contra los programas sociales, sino contra la noción misma de un gobierno agente para ayudar a los marginados. "De hecho, la era de Nixon marca el momento en el que los linderos de la ciudadanía social —la línea que separaba a quienes tenían derecho a la asistencia social de quienes no— se estaban volviendo a trazar", escribió la socióloga Cybelle Fox. Aunque ese giro usualmente se entiende en el contexto de la hostilidad blanca hacia los afroamericanos, la verdad es que los latinos y los inmigrantes también acabaron del lado incorrecto de la línea.

Fue en los años sesenta que los latinos se embarcaron en el proceso de convertirse en una población ilegal. Casi nueve de cada 10 mexicanos que llegaron a Estados Unidos en el periodo 1955-1965 lo hicieron como trabajadores invitados bajo el Programa Bracero, establecido durante la Segunda Guerra Mundial para evitar la escasez de jornaleros cuando los estadounidenses fueron enviados a la guerra. Sólo 1% llegó ilegalmente. Al terminar el programa a mediados de los sesenta, el flujo cambió: entre 1985 y 1995 más de cinco de 10 inmigrantes mexicanos entraron sin la autorización requerida.

Gradualmente, los mexicanos y los latinos se vieron representados como una amenaza al país. En los años ochenta el presidente Ronald Reagan habló de la inmigración no autorizada como una "amenaza a la seguridad nacional". Los terroristas, dijo, estaban apenas "a dos días en coche de Harlingen, Texas", en la frontera mexicana. A mediados de la década de 2000, al archiconservador Pat Buchanan —exasesor de los presidentes republicanos Nixon, Ford y Reagan— plantó la idea de la "conspiración Aztlán", un supuesto plan mexicano para recuperar el territorio que México perdió en 1848, a manos del Estados Unidos. "Si no tomamos el control de nuestras fronteras y detenemos la máxima invasión de la historia, me temo que Estados Unidos se disolverá y perderá el suroeste", dijo. El politólogo Samuel Huntington retomó el argumento con gusto: "El persistente flujo de inmigrantes hispanos amenaza con dividir a Estados Unidos en dos pueblos, dos culturas y dos lenguas".

Empujar a grandes franjas de hispanos a las sombras de la ilegalidad ayudó a crear una nueva clase baja de extranjeros morenos e hispanohablantes sin bases legales para permanecer en el país. Los inmigrantes brindaban a la vez una fuerza laboral a las corporaciones estadounidenses y un gran argumento contra la asistencia pública para los pobres.

Y así sigue. El presidente Trump eligió a la Mara Salvatrucha —una pandilla formada a principios de los ochenta en Los Ángeles por los hijos adolescentes de refugiados salvadoreños que llegaron huyendo de la guerra civil— para convertirla en la imagen de la amenaza de la inmigración para la sociedad estadounidense. No importa que, aunque brutal, la MS-13, como se la conoce, es realmente chica: el gobierno estima que está compuesta por unos 10 mil efectivos, una pequeña fracción de los 1.4 millones de pandilleros en el país, repartidos en células poco organizadas en todo Estados Unidos. No importa que prácticamente sea un producto local; en todo caso, la MS-13 exportó la violencia de Estados Unidos de vuelta a Centroamérica. No importa que en realidad sólo represente una amenaza existencial para otros adolescentes inmigrantes en Los Ángeles y en Long Island, Nueva York.

Cuando el presidente dio la alarma por la supuesta violencia que se derrama a través de la frontera a los hogares de ciudadanos también les prometió protegerlos de las necesidades de los inmigrantes. La administración de Trump ha hecho todo lo posible por impedir que los migrantes centroamericanos soliciten asilo, incluyendo separar a los niños de sus padres en la frontera y obligar a los migrantes a esperar en México mientras se procesan sus casos. Ha lanzado redadas para extirpar a los inmigrantes indocumentados de las ciudades de todo el país, y amplió la regla de "Carga Pública" consagrada en el paquete de reforma social de 1996. Esa regla dificultaba que los inmigrantes que hubieran recibido transferencias de la asistencia pública se volvieran residentes permanentes. La versión de Trump contaría cualquier forma de asistencia pública en su contra, incluyendo Medicaid, vales de despensa y subsidios para la vivienda. "Quienes quieran inmigrar a Estados Unidos deben demostrar que se pueden mantener financieramente", declaró la exsecretaria de Seguridad Nacional Kirstjen Nielsen, cuando esbozó por primera vez la propuesta.

Según la última regla emitida por la Casa Blanca, en agosto de 2019, a partir de febrero del 2020 los extranjeros que soliciten visas o *green cards* de residencia permanente podrían ser rechazados no sólo si alguna vez recibieron beneficios del gobierno, también si tienen ingresos bajos, poca educación o incluso si no hablan bien inglés; para la administración se trata de señales claras de probabilidad de que la persona llegue a depender de la asistencia social.

El Departamento de Seguridad Nacional del gobierno estimó que, debido a ese cambio, 2.5% de los inmigrantes elegibles saldrían de los programas de beneficios, lo que ahorraría al gobierno federal alrededor de mil 500 millones de dólares del dinero de los contribuyentes. También observó que la nueva regla podría conducir a peores resultados de salud, mayor uso de salas de emergencia y una mayor incidencia de enfermedades transmisibles, sin mencionar el aumento en la pobreza. Es más, la reforma podría cambiar la composición racial de los inmigrantes al desalentar que vinieran de países más pobres y fomentar una población más blanca y europea.

Lo que el Departamento de Seguridad Nacional no reconoció fue que sus esfuerzos por reducir aún más el acceso a la escasa red de seguridad social para mantener fuera a los intrusos perezosos y violentos también debilitarán al país al que supuestamente están protegiendo.

Estados Unidos descubrirá muy pronto que necesita más migrantes. Si se prohíbe la inmigración, la economía está condenada a marchitarse. Según el censo, en 2018 esta inmigración ayudó a los condados rurales a conseguir su segundo año consecutivo de crecimiento, tras muchos años de declive. Un análisis de esos datos hecho por Jed Kolko, economista en jefe del servicio de colocación de empleos Indeed, reveló que en ausencia de inmigración internacional, 44% de la población, en vez de 27%, habría estado viviendo en condados en declive. Diez grandes zonas metropolitanas —incluyendo Miami, Boston y San Francisco— habrían perdido población.

La reducción de la inmigración ya está pesando a la economía. Pia Orrenius y Madeline Zavodny estimaron que una de las razones principales por las que la economía del país se recuperó tan despacio de la gran recesión fue el lento crecimiento de la oferta laboral, causado en parte por el bajo flujo migratorio. La prosperidad estadounidense avanza sobre los hombros de las personas de color que vienen de otra parte. La inmigración ha desacelerado el declive de las ciudades y pueblos del Rust Belt. Entre 2000 y 2015 la inmigración sumó más de un millón de personas a la población de la región del Medio Oeste, que se estaba desvaneciendo. Sin embargo, los políticos siguen prestos a detenerla.

Incluso antes de Pete Wilson, California ya estaba a la vanguardia de la batalla política que enfrentaba a los contribuyentes trabajadores —blancos, patriotas y honestos, por supuesto— contra una clase baja extranjera y gorrona. En un referéndum del 6 de junio de 1978, dos tercios de los votantes del estado aprobaron la Proposición 13, "Iniciativa Popular para Limitar los Impuestos a la Propiedad". De golpe, no sólo recortaron los impuestos a hogares, negocios y granjas, también limitaron los aumentos futuros y prácticamente prohibieron al gobierno que los volviera a subir, al requerir una mayoría de dos tercios de los legisladores en ambas cámaras para aprobar cualquier cambio.

Durante el primer año bajo el nuevo sistema, la recaudación por impuestos a la propiedad cayó 52%, a 4.9 millones de dólares. En 2011 la tasa promedio de este impuesto en California era 60% más baja que la que estaba vigente cuando se aprobó la ley, lo que colocaba al estado en el lugar 28 a nivel nacional, considerando la combinación de impuestos a la propiedad estatales y locales, según la Fundación Fiscal, con sede en Washington. Privados abruptamente de dinero, las ciudades y los condados buscaron nuevas fuentes de ingresos; muy pronto elevaron el impuesto de venta en California a la tasa más alta en el país. También relegaron a la mediocridad la educación pública del estado.

Vale la pena señalar que si California fuera un país, sería el quinto más rico del mundo. Probablemente sea el estado socialmente más progresista de la Unión Americana. No obstante, alrededor de 1980, las finanzas de su sistema escolar se empezaron a rezagar muy por debajo del promedio nacional. Desde que la Proposición 13 se convirtió en ley, en términos de gasto por alumno desde el jardín de niños hasta el bachillerato, el estado cayó al lugar 22 desde el séptimo que ocupaba antes. Actualmente gasta 6 849 dólares por niño, según datos del censo, menos de la mitad del promedio del gasto en las escuelas en Nueva York. En su sistema de educación pública eroga sólo 33.30 dólares por cada mil dólares de ingreso personal. Esto ubica a California en el decimosegundo lugar entre todos los estados, contando del último al primero.

Las aulas californianas son las más atestadas del país, con un maestro por cada 23.4 alumnos. Y se están quedando rezagadas. En 2015 los estudiantes de cuarto grado quedaron en antepenúltimo lugar en los exámenes de la Evaluación Nacional del Progreso Educativo, tanto en lectura como en matemáticas. Menos de tres niños de cada 10 obtuvieron una calificación de "competente" o más alta.

La Proposición 13 fue un "váyanse al diablo" intergeneracional dedicado al futuro no blanco del estado. Los californianos viejos que votaron por aprobarla sentían que ya habían pagado su parte por los bienes públicos del estado. ¿Por qué tendrían que padecer impuestos crecientes a la propiedad para costear la educación de los niños de otra gente? Lo que dio potencia política al argumento fue la etnicidad: una mezcla de nacionalidad e idioma, tono de piel, religión y cultura. Los viejos eran abrumadoramente blancos; los recién llegados que estaban mandando a sus hijos a la escuela pública eran, por el contrario, inmigrantes latinos.

Entre 1980 y 1990 California recibió a 38% de todos los inmigrantes a Estados Unidos, más de la mitad de los 6 millones de personas en que aumentó la población en esa década, en su mayoría mexicanos católicos, morenos, chaparros, hispanohablantes. ¿Por qué gastar en ellos? Como dijo Dowell Myers: "Si los servicios estaban bajando de calidad, ¡mala suerte para los recién llegados, era su culpa! Los residentes bien establecidos de California no deberían pagar por los nuevos residentes que ni siquiera eran bienvenidos".

Esa lógica se ha revertido, para infortunio del estado. Ha cerrado el grifo de la inmigración. La población de California está envejeciendo rápido. Por cada anciano hay menos de cinco residentes en edad laboral; en 2030 habrá menos de tres. Y serán más tontos. Hoy, junto con Texas, el estado está en el fondo de la escala de logros educativos del país: sólo ocho de cada 10 adultos terminaron el bachillerato. Uno de cada cinco californianos ya vive en la pobreza, tasa mucho más alta que el promedio nacional. De todos modos, los californianos parecen contentos con lo que lograron. En 2008, en el trigésimo aniversario de la Proposición 13, la Field Research Corporation los encuestó sobre esa legislación: 57% la apoyaba, exactamente la misma cantidad que votó por ella en 1978. Y hay razones por las que quizá no les preocupen las finanzas agotadas de la educación pública: la disminución del número de blancos no hispanos en edad escolar desde el cambio de siglo, de 35 a 26%, y la migración de muchos de los blancos nativos del estado a las instituciones privadas. La cantidad de niños blancos no hispanos en las escuelas públicas del estado disminuyó aún más, de 37 a 24 por ciento.

La experiencia de California es un aviso para la nación. Como ya mencioné, por mucho tiempo el estado ha sido uno de los más ricos de la Unión; el quinto en 2017, medido por el promedio del ingreso familiar. También padece, sin embargo, el índice de pobreza más alto del país. La Medida Complementaria de la Pobreza, una estadística amplia del censo que incluye el impacto de los impuestos, los programas sociales y el costo de vida en la pobreza, muestra que 19% de los californianos vive por debajo del umbral de pobreza. California está en cuarto lugar en términos de desigualdad de ingresos, después de Nueva York, Connecticut y Luisiana.

Considerando que el país sigue a California hacia un futuro menos blanco y con mayor diversidad étnica, viene a la mente la premonitoria advertencia que hace 35 años hiciera el demógrafo Samuel Preston: con independencia del color de piel de los niños de Estados Unidos, la prosperidad futura del país depende de ellos.

5

El padecer de los blancos

El término "sueño americano" me recuerda algo en específico: la casa de mis abuelos en Phoenix.

Eran el tipo icónico del estadounidense blanco de clase trabajadora que a Norman Rockwell le encantaba pintar: no extremadamente cultos, sí honestos en general, y muy trabajadores. Habían vivido la Gran Depresión en Chicago y se habían mudado al suroeste, donde mi abuelo consiguió trabajo de electricista en el Salt River Project, y mi abuela trabajó como bibliotecaria. Jubilados por el Seguro Social, vivieron una vida frugal, pero de ninguna manera incómoda. Creían en los valores familiares. Tenían mucha fe en Dios. Y eran racistas, de esa manera vagamente rutinaria, más producto del hábito que de la reflexión. Aunque querían muchísimo a mi madre, pequeña, morena y mexicana como era, varias veces oí a mi abuela soltar como si nada: "No nos gusta la gente negra".

Su casa no era grande: dos recámaras y un baño; un árbol de dátiles en el jardín del frente, y una entrada-cochera con una marquesina atrás. Estaba del lado equivocado de las vías, al sur y al oeste de los barrios ricos de Scottsdale. Pero estaba alfombrada de pared a pared, el aire acondicionado no descansaba nunca y tenían un complicado sistema de sonido que más valía no tocar. La enorme televisión en el cuarto familiar, el estéreo de ocho pistas, el refri gigantesco, la pickup y el Pontiac en el patio trasero… todo hablaba de una prosperidad que no coincidía con mi imagen de la vida de la clase trabajadora.

En ese entonces Phoenix estaba en auge, impulsada por una floreciente industria electrónica con jugosos contratos gubernamentales. Sun City había abierto sus puertas en el lado oeste de la ciudad unos años antes de que yo naciera; atraía a jubilados de todo el país y alimentaba una explosión inmobiliaria de largo aliento. La Guerra de Vietnam había cebado a los contratistas de defensa de la zona metropolitana, que trabajaban en proyectos financiados por el gobierno.

No veía muy seguido a mis abuelos. Cuando tenía seis años mis padres se mudaron a México para estar cerca de mi familia materna. Pero los visité la mayoría de los veranos de mi infancia. Me mandaban a la escuela dominical, donde un día me enseñaron que la Comunidad Europea —en ese entonces conformada por 10 países y creciendo— de alguna manera presagiaba la llegada del Anticristo. Luego huíamos de la ciudad a un cámper eternamente estacionado en el campamento Hawkeye, en Sedona —todavía no conocido por sus chakras y sus vórtices espirituales—, en el corazón de la región de piedra roja de Arizona.

En México, donde yo vivía, los electricistas jubilados no tenían esa vida. Por las noches, acurrucado en una cama que de día fungía como mesa, me maravillaba la prosperidad de mis abuelos. Ahora entiendo que Estados Unidos no compartía esa bonanza por igual. El nivel de vida que gozaban era inalcanzable para las personas de color. Sin embargo, visto desde México, donde estaba rodeado por un mar de pobreza, el Estados Unidos de mis abuelos era un mundo fundamentalmente superior. El país sigue siendo, desde luego, mucho más rico que México. Su PIB per cápita es el triple de lo que era cuando yo nací y más que quintuplica el de su vecino del sur. Pero a pesar de esa riqueza gigantesca, la vida ejemplar de la clase trabajadora que atestigüé en el cámper de mis abuelos ya no existe.

En más de un sentido, el Estados Unidos de hoy es un paria, aislado en el fondo de la escala de bienestar del mundo industrializado. Es un país donde demasiados bebés mueren antes de tener una oportunidad real de vivir y demasiados hombres y mujeres mueren de desesperación, donde demasiadas niñas son madres y demasiados hombres están encarcelados. Y si creen que las minorías son las únicas víctimas de las muchas patologías del país, es hora de abrir los ojos.

Un niño negro nacido hoy vivirá tres años y medio menos que uno blanco. La mortalidad entre madres negras triplica la de las blancas y la tasa de adolescentes negras que tienen bebés la duplica. Pero en 2014 más de 12 mujeres estadounidenses blancas murieron de complicaciones relacionadas con el embarazo por cada 100 mil nacimientos, de acuerdo con los Centros para el Control de Enfermedades. Esta tasa es más del cuádruple que en Holanda, el triple que en Alemania y casi seis veces la de España.

El típico bebé blanco nacido en 2018 morirá por lo menos dos años antes, en promedio, que los recién nacidos alemanes, daneses, griegos y portugueses; por lo menos tres años antes que los bebés coreanos, franceses y australianos, y cinco años antes que los recién nacidos en Japón. Los índices de pobreza tienen un patrón similar. Hay casi 20 millones de estadounidenses blancos no hispanos pobres, casi el doble que negros pobres. Alrededor de la mitad vive en pobreza extrema, con ingresos por debajo de la mitad del umbral de pobreza. Aunque el índice de pobreza entre personas de color haya disminuido gradualmente, entre los blancos no hispanos es más alto que a principios de los años setenta.

Nos gusta culpar a la globalización. Pero la globalización afectó a todo mundo, a los franceses, a los alemanes, a los canadienses y a los japoneses. En Estados Unidos la sociedad entera —sus hospitales y escuelas, sus carreteras y hogares de clase media— se derrumbó sola, de una manera típicamente estadounidense. El país que había construido la clase obrera más próspera de la historia se convirtió en una maraña de patologías sencillamente por falta de empatía. Lo más irónico es que, aunque los negros y los latinos hayan sufrido más las consecuencias, el colapso de la solidaridad también acabó con el sueño americano de los blancos de clase trabajadora.

Los bienes públicos son el pegamento indispensable que mantiene unida a la sociedad. Normalmente se pagan en colectivo, porque nadie lo haría individualmente. Estoy hablando del seguro de salud universal, de la educación pública, el seguro de desempleo, o incluso de los bomberos, los policías y las vías públicas; todos aportan a la sociedad ganancias mayores que los beneficios que puedan darle a cualquier individuo. Los estadounidenses blancos concluyeron que si tenían que compartir los bienes públicos a través de fronteras étnicas con personas de otras razas, preferían no tenerlos.

Por eso Estados Unidos no pudo construir los dispositivos de seguridad que otros países avanzados erigieron para proteger a los que acabaran en el lado equivocado de los dolorosos cambios económicos y sociales. Los estadounidenses tal vez quieran racionalizar esa omisión como una suerte de inevitabilidad histórica, la única decisión natural para un pueblo autosuficiente criado en una frontera ruda e ingobernable. Pero su elección de dejar hundir a los que ya estaban naufragando tiene progenitores más sombríos.

Los atribulados trabajadores blancos que arremetieron contra las élites cosmopolitas y votaron por Donald Trump en noviembre de 2016 tal vez no son lo bastante viejos para recordarlo, pero en 1961, en la cuarta convención constituyente de la AFL-CIO en Miami, Martin Luther King Jr. ofreció ayuda a sus padres. Previó muchas de las fuerzas que se cernían sobre el mercado laboral, y que eliminarían lo que alguna vez fueron buenos empleos de cuello azul para la clase trabajadora. Pronosticó que si el movimiento obrero se aliaba con los negros, la combinación de su poder político contribuiría a asegurar que los trabajadores, hombres y mujeres, pudieran compartir la bonanza que el país crearía en el futuro. "Durante los próximos 10 o 20 años, cuando la automatización logre volúmenes de producción increíbles, también va a convertir en polvo los empleos", anunció el reverendo al público de delegados, abrumadoramente blancos. "La fuerza política que necesitarán para evitar que la automatización se convierta en un Moloch que consuma empleos y contraiga las ganancias se puede multiplicar si aprovechan el vasto depósito de poder político de los negros."

King lamentó que los sindicatos hubieran "contribuido al degradado estatus económico de los negros". Recordó a los delegados que durante los años cuarenta y cincuenta los votantes afroamericanos habían apoyado al movimiento obrero para derrotar la legislación del derecho al trabajo en Luisiana,[1] mientras arrasaba en otros estados sureños, privando de financiamiento a los sindicatos, al impedirles recabar cuotas obligatorias. Subrayó que "los negros son un componente sólido del movimiento obrero y un baluarte confiable de su agenda" y, por lo tanto, "deberían esperar más de él, al igual que el miembro de una familia espera más de sus parientes que de sus vecinos". Los delegados de la AFL-CIO reunidos en Miami rechazaron la oferta. Luisiana se convirtió en un estado con derecho al trabajo en 1976. La gran alianza entre el Estados Unidos negro y la clase obrera que King había imaginado no sucedería.

No hay duda, los trabajadores negros sindicalizados ganan mejor que los que no lo están. Estudios han demostrado que la discriminación salarial por raza es peor en las empresas sin sindicato. Actualmente 12.6% de los negros está sindicalizado, contra 10.6% de los blancos. Sin embargo, tras una campaña caracterizada por una abierta hostilidad racial, 43% de los votantes sindicalizados votaron por la agenda de Donald Trump, según encuestas de boca de urna. El candidato republicano puede haber ganado sólo 8% de los votos afroamericanos, pero entre los votantes sindicalizados tuvo el mejor desempeño en más de 20 años. Esos votantes blancos sindicalizados explican por qué Estados Unidos no esta mínimamente preparado para una época de cambios desenfrenados.

Definitivamente la fuerza combinada de la globalización y la automatización golpeó con fuerza. Según los economistas David Autor, David Dorn y Gordon Hanson, la entrada de China a la economía de mercado acabó por sí sola con 2.4 millones de empleos estadounidenses entre 1990 y 2007. También redujo los salarios de los trabajadores en las industrias que competían con las baratas manufacturas chinas. Expulsó a trabajadores de la fuerza laboral y obligó a muchos de ellos a ingresar en los registros de incapacidad.

---

[1] La legislacion *Right to Work* libera a trabajadores de tener que afiliarse al sindicato que cubre su lugar de trabajo. Ampliamente adoptada en los estados del sur, esta legislación ha diezmado al movimiento laboral en estos estados. [N. del T.]

La influencia china rebotó por las comunidades hasta hundir a poblados en la depresión. Durante décadas, los economistas argumentaban que surgirían empleos en otras industrias para los trabajadores desplazados por las incursiones del gigante asiático. Nunca llegaron. Eso se ha tornado en la explicación más común de por qué los votantes de clase trabajadora aplauden la propuesta de Donald Trump de aislar a Estados Unidos del resto del mundo. Si se le suma la automatización que también arrasó con los empleos en las fábricas, y las importaciones desde México y otros países en desarrollo que se integraron a las cadenas de producción de las multinacionales estadounidenses, es posible construir un cuento en el que los poderes extranjeros hundieron al obrero local.

Sin embargo, la experiencia de otros países ricos no cuenta la misma historia. El populismo puede estar también creciendo al otro lado del Atlántico, pero las economías europeas dependen mucho más que Estados Unidos del comercio internacional y, en Europa, el comercio sigue siendo un tema bastante aburrido. No evoca nada parecido a la angustia que inspira en Estados Unidos, ya que el Estado de bienestar permite a sus trabajadores afrontar la inestabilidad del mercado laboral que es parte natural del libre comercio.

Estados Unidos también pudo haber compensado a los trabajadores que perdieron su empleo y quedaron con la vida dislocada. Podría haber construido programas más generosos de seguro de desempleo, haber gastado en capacitación, ofrecido, tal vez, subsidios al salario, e invertido en infraestructura para crear buenos trabajos donde otros se habían perdido. Pero más allá de algunos esfuerzos simbólicos, no lo hizo. El gobierno gasta alrededor de 0.24% del PIB para apoyar a la gente sin trabajo, el porcentaje más bajo de la OCDE. El programa de Asistencia por Ajustes Comerciales, creado para ayudar a trabajadores desplazados por el comercio, absorbe menos de 0.004% de la producción económica nacional.

El progreso tecnológico y el comercio enriquecen el país. Esta riqueza no se reparte entre todos por igual, pero el gobierno podría dirigir parte de las ganancias para proteger a las comunidades vulnerables de las desventajas del cambio. Podrían incluso participar en los beneficios del progreso. El proceso no es particularmente complicado. Requiere gravar a los ganadores e invertir lo recabado en programas que ayuden a los demás a afrontar sus pérdidas.

El estudio clásico de Dani Rodrik señala que los países con más comercio tienen gobiernos más grandes. Es parte de un trato: los negocios apoyan el Estado de bienestar a cambio de que los trabajadores apoyen el libre comercio. Podría decirse lo mismo del cambio tecnológico. Las proyecciones del impacto futuro de la automatización en la fuerza laboral son muy diversas. Un estudio de McKinsey & Company de 2016 concluyó que la automatización desplazaría hasta a un tercio de los trabajadores estadounidenses de sus actuales categorías ocupacionales. Una respuesta natural sería invertir en reentrenamiento para capacitar a los trabajadores desplazados en habilidades nuevas para empleos nuevos, y simultáneamente en el seguro de desempleo y otros apoyos para quienes de improviso se queden sin empleo.

Una red de seguridad que proteja a los vulnerables ofrece efectos secundarios positivos que benefician a todos los ciudadanos y a la sociedad. El economista Gareth Olds ha encontrado que familias pobres con acceso a vales de despensa son más emprendedoras: pueden tomar más riesgos si saben que no se van a quedar sin comer. Tener acceso al Programa de Seguro de Salud para Niños ha aumentado en 15% el autoempleo entre familias pobres. En Francia, extender el seguro de desempleo para permitir que los trabajadores desempleados que fundaran un negocio conservaran los beneficios del gobierno impulsó la creación de empresas en 25 por ciento.

En *Wealth and Welfare States*, Irwin Garfinkel, Lee Rainwater y Timothy Smeeding argumentan que "la razón principal por la que todos los países ricos tienen grandes Estados de bienestar" es que sus amplios beneficios económicos y sociales superan su costo. La red de seguridad social mitiga la inseguridad económica y promueve que se tomen riesgos. La educación pública y el seguro de salud también construyen y apoyan un capital humano productivo.

Pensemos en la atención a la salud: tratar el abuso de sustancias reduce el crimen; conforme se reduce el uso de drogas, también lo hace la violencia inducida por drogas y la relacionada con el narco-tráfico. Un grupo de investigadores de la Universidad de Kentucky y la Universidad Emory concluyeron que aumentar el acceso a Medicaid reduce las tasas de crímenes violentos y contra la propiedad, porque los adictos pobres reciben más tratamiento. A su vez, Jacob Vogler, un joven doctorando en economía de la Universidad de Illinois en Urbana-Champaign, estimó que la ampliación de Medicaid gracias a la reforma a la ley de salud conocida como Obamacare produjo un ahorro de 13 mil 600 millones de dólares sólo por la disminución de delitos.

En contraste, consideremos el alto costo social de vivir en un país donde se ha dejado marchitar la red de seguridad. En todo el mundo, los países con sistemas de apoyo público más robustos con-tinuamente superan a Estados Unidos en toda una gama de medidas directas de bienestar: menos bebés muertos, menos madres muertas, vidas más largas, menos pobreza, mejor crianza, menos adicciones.

La tragedia estadounidense es que su sistema político nunca pudo soportar el pacto de Rodrik, en gran medida porque su pobla-ción blanca jamás pudo desprenderse de su idea sobre la asistencia social como dádiva inmerecida a las personas de otra raza. Menos de uno de cada cuatro blancos admite que son los principales benefi-ciarios del Estado de bienestar. Una encuesta de YouGov de 2016 al respecto muestra respuestas diferenciadas por raza. De los blancos, dos tercios opinaron que los negros obtienen más de la sociedad de lo que aportan. Sólo 24% reconoció lo mismo de las personas de su misma raza. Uno de cada seis dijo que el gobierno se esfuerza mucho por ayudar a la gente blanca como ellos, en tanto que dos de cada tres dijeron que se esfuerza mucho por ayudar a los negros. Todos los grupos, blancos y no blancos, comparten la queja de que el gobierno no los atiende. Negros e hispanos creen que el gobierno ayuda sobre todo a blancos, no a gente como ellos. En el debate so-bre el dar y el recibir, aseguran que son ellos quienes aportan más de lo que "toman" y los blancos quienes toman desproporcionadamen-te. Su opinión, sin embargo, importa menos. Porque quienes ejer-cen el poder político son los blancos. Su prejuicio es que se impone.

Franklin D. Roosevelt creía que la única manera de construir una red de seguridad era limitando sus beneficios a los blancos. Décadas después, Lyndon Johnson comprobó que tenía razón: al extender la red de asistencia pública a las personas de color, perdió el apoyo de los blancos para cualquier tipo de red de seguridad. Cuando el primer presidente negro de Estados Unidos trató de ampliarla con un seguro médico más o menos universal, algo común en Europa desde hace décadas, el Partido Republicano —que para entonces se había convertido en dominio prácticamente exclusivo de los votantes blancos del sur y de las zonas rurales— se propuso detenerlo a toda costa. Para el ojo inexperto, los estadounidenses parecen simplemente tacaños. En esto también la realidad es más sombría.

Más de 15% de los niños estadounidenses vive bajo el umbral de la medida suplementaria de pobreza de la Oficina del Censo, que toma en cuenta los beneficios que reciben las familias de diversos programas gubernamentales. Más de la mitad vive en familias que ganan menos del doble del umbral de pobreza, algo inaudito entre los países ricos. Usando estándares internacionales, que cuentan como pobres a quienes ganen menos de la mitad de lo que ganan las familias ubicadas exactamente en medio del espectro de cada país, Estados Unidos sufre la quinta tasa más alta de pobreza infantil entre los 36 países de la OCDE. Es más alta que la de México.

El gasto en programas contra la pobreza ha aumentado desde los años sesenta. En 1967, sumando el impacto de los programas de asistencia y el efecto —contrario— de los impuestos, el gobierno aumentaba en un punto porcentual la proporción de niños pobres. Para 2012 la combinación de los impuestos y las transferencias públicas sacaban a alrededor de 11% de los niños de la pobreza. Hoy, el gobierno añade 8 mil 800 dólares al ingreso de la quinta parte más pobre de los hogares estadounidenses, elevándolo a 24 mil 600 dólares al año. Con todo, sigue siendo insuficiente. Según las cuentas de la OCDE, el gobierno estadounidense dedica menos de una quinta parte de su PIB al gasto en prioridades "sociales" como seguro de desempleo, beneficios de salud y programas contra la pobreza. Eso lo pone en la mitad inferior de los países de esa organización. Los alemanes dedican un cuarto de su PIB a esos esfuerzos; los franceses casi un tercio.

Independientemente de lo que los blancos piensen, son ellos, en conjunto, el mayor beneficiario del gasto público en programas sociales. Según el Centro de Prioridades Presupuestarias y de Política Pública, en 2014 los créditos tributarios y los programas de asistencia gubernamental beneficiaron a 6.2 millones de blancos sin título universitario; en contraste, 2.8 millones de afroamericanos y 2.4 millones de hispanos con el mismo nivel de estudios recibieron beneficios.

Con base en una definición de asistencia social que incluye el crédito tributario por ingresos, un subsidio fiscal para trabajadores de bajos ingresos, y el crédito tributario por hijos para familias también de bajos ingresos, casi cuatro de cada 10 adultos blancos no hispanos de clase trabajadora —gente de 18 a 64 años que no está estudiando y convive en un hogar en el que nadie tiene licenciatura— viven con alguien que recibe algún tipo de beneficio del gobierno. Los estadounidenses blancos pueden no darse cuenta, pero su voto contra las "reinas de la asistencia social" negras y morenas, a las que culpan de abusar de la red de seguridad social, los dejó a ellos mismos sin sostén al que recurrir. La mezquindad de escamotear a un sistema de asistencia social por percibirlo como regalo ilegítimo para negros y morenos socavó, en realidad, a la población entera del país.

La región de los Grandes Lagos fue cuna de la economía industrial de Estados Unidos. Extendida desde Minnesota, a través del oeste de Nueva York, hasta Pensilvania y Virginia Occidental, fabricó coches y lavaplatos, el acero y las sustancias químicas. Cuando nuevos competidores con tecnologías novedosas ingresaron a su mercado, muchas de las compañías se desbarrancaron junto con la economía local que sustentaban. Los jóvenes se marcharon. Entre las personas de mediana edad y los viejos, menos capaces de mudarse o recapacitarse para el nuevo mundo, la angustia fue creciendo conforme se desvanecía la prosperidad de la edad industrial a la que creían tener derecho.

En esa región, la proporción de adultos en edad laboral que cuentan con licenciatura está muy por debajo del promedio nacional. En Virginia Occidental, hogar del carbón y de productos químicos, menos de una quinta parte de los adultos mayores de 25 años tiene un título y, actualmente, la economía tiene pocos buenos empleos para egresados del bachillerato que nunca fueron a la universidad. El trabajador típico del estado, en el punto medio de la escala salarial, gana tan sólo 14.79 dólares la hora, tres dólares menos que la media nacional.

El estado es también uno de los más blancos: 95% de la población no es hispana ni de color. Y es en verdad irónico que el sufrimiento de su población se haya exacerbado por la negativa del electorado blanco a extender cualquier tipo de ayuda a los negros. Sus habitantes padecen uno de los índices de pobreza más altos del país. Más de un tercio de sus niños recibe algún tipo de asistencia pública, 7% más que el promedio nacional.

Donald Trump hizo campaña en el estado ofreciendo a los obreros regresar en el tiempo y restaurar la economía a su supuesto equilibrio feliz de hace medio siglo, cuando era posible pasar directo del bachillerato a las minas de carbón, o a las plantas siderúrgicas o químicas repartidas por toda la región. Pero aplicarle aranceles al acero extranjero, como hizo el presidente en su segundo año en funciones, nada puede hacer para ayudar a los atribulados obreros. Lo que hoy necesitan los pobladores son recursos para lidiar con los cambios vertiginosos de la economía. Virginia Occidental ha perdido 40% de sus empleos en la manufactura desde el año 2000. Los sectores masculinos tradicionales —de agricultura, minería, manufactura y construcción— que el presidente Trump dice poder restaurar representan menos de la quinta parte de los empleos totales, un gran declive desde el casi 25% que aportaban a principios de siglo.

El principal problema del estado es que apenas más de un cuarto de sus estudiantes de octavo grado son competentes en lectura y ciencias; sólo uno de cada cinco alcanza ese nivel en matemáticas, y en graduados de bachillerato mayores de 24 años ocupa el décimo lugar de abajo para arriba entre los estados del país. De quienes lo terminan, en 2018 sólo 28% presentó el examen SAT de ingreso a la universidad, cuando el promedio nacional es 36 por ciento.

La mayor amenaza al futuro del país es lo que les está haciendo a sus hijos. Lo que urgentemente necesitan los niños de Virginia Occidental es que haya inversión pública en su capital humano. Pero la infraestructura estadounidense de educación pública, diseñada por los blancos en el poder para excluir a las personas de color, los está dejando fuera también.

El bachillerato universal fue uno de los logros más importantes del país, que lo colocó muy por arriba de sus pares. A principios del siglo XX los jóvenes estadounidenses estaban mucho mejor educados que los de cualquier país europeo, donde la educación seguía siendo coto de la clase alta. En ese entonces, la base amplia educativa de Estados Unidos dio a sus ciudadanos de menos recursos las herramientas para prosperar en una economía cada vez más sofisticada, y contribuyó a impulsar la prosperidad del país por arriba de los sueños más fantásticos de cualquier otra nación avanzada. Como escribieron los economistas laborales Claudia Goldin y Lawrence Katz en su libro *The Race Between Education and Technology*, el sistema educativo estadounidense "puso en vergüenza a los sistemas elitistas de Europa".

En los años posteriores a la Ley de Derechos Civiles, la educación pública fue esencial para la agenda emancipatoria. A partir de los años sesenta las cortes ordenaron desegregar las escuelas de todo el sur que, para los años setenta, eran de las más integradas del país. Pero el racismo resultó difícil de romper. Hacia el cambio de siglo, los tribunales empezaron a liberar a las escuelas del mandato de desegregarse, lo que dio fin al esfuerzo por integrar a los chicos negros, blancos e hispanos. Según un análisis de ProPublica, cuando George W. Bush asumió la presidencia en 2001, 595 distritos escolares funcionaban bajo órdenes de desegregación expedidas por las cortes. Al final de su administración el número había caído a 380. Como justificación se argumentaba que tras casi medio siglo de que la Suprema Corte ordenara el fin de la segregación en las escuelas, el problema estaba prácticamente solucionado. O, en todo caso, ya no requería supervisión judicial. Las escuelas se volvieron a segregar a todo vapor.

De acuerdo con ProPublica, en 1972 una cuarta parte de los estudiantes negros del sur asistía a escuelas en extremo segregadas, con al menos nueve de cada 10 estudiantes de alguna minoría racial. Hoy, en los distritos escolares que a partir de 1990 se han librado del mandato de desegregar, son más de la mitad. Los académicos del Brookings Institution encontraron que en 2010 las escuelas públicas negras tenían menos de 25% de estudiantes blancos, muy por debajo del tercio aproximado que había en 1980.

En 2014 Catherine E. Lhamon, subsecretaria de Educación para los Derechos Civiles durante el segundo periodo del presidente Obama, envió una carta a los estados, distritos escolares y escuelas, subrayando que tras 50 años desde que la Ley de Derechos Civiles desegregara las escuelas, la educación en Estados Unidos seguía separada por raza y clase. Lhamon enumeró "una disparidad crónica y generalizada de acceso a cursos rigurosos, programas académicos y actividades extracurriculares; de plantas estables de maestros y personal de apoyo eficaces; de edificios e instalaciones escolares seguras y apropiadas; de tecnología moderna y materiales educativos de alta calidad". Los niños que acaban defraudados son inevitablemente negros y morenos. La incapacidad de los estados y de los distritos escolares para proveer recursos suficientes que garanticen una educación universal de calidad "hoy día obstaculiza aún más la educación de los estudiantes de color".

Tan sólo uno de cuatro negros y uno de cinco hispanos de más de 25 años cuenta con licenciatura. Para los blancos no hispanos, la proporción es de uno de cada tres. Los economistas Martin Carnoy y Emma García descubrieron que los estudiantes negros e hispanos en escuelas mayoritariamente negras e hispanas se están rezagando aún más, en comparación con los que asisten a escuelas más integradas.

El caso de Baltimore es motivo de reflexión. Sus escuelas no fueron obligadas a integrarse. Bajo presión del gobierno federal para que acatara la Ley de Derechos Civiles, en 1976 el estado demandó, obtuvo fallo a favor, decidió que la segregación no era problema suyo y construyó uno de los sistemas escolares más segregados del país. Con la huida de las familias blancas a los suburbios o a escuelas privadas, la educación pública terminó por atender casi exclusivamente a niños negros: 92% de los estudiantes en sus escuelas son personas de color. El sistema los ha servido mal. De la generación 2004, unos 4 mil de los 6 mil 500 estudiantes que la conformaban lograron graduarse del bachillerato. Seis años después, 434 habían terminado una licenciatura de cuatro años y 86 habían completado el programa de dos años en un *college* comunitario.[2] Para el resto, la educación fue un fracaso.

Tiene un costo relegar a los estudiantes negros y morenos a las escuelas de bajo rendimiento y agravar sus déficits de oportunidad. Sus comunidades lo sienten intensamente. Lo que los estadounidenses blancos no reconocen es que ellos también pagan el precio. Como argumentó William Frey en *Diversity Explosion*, esos niños no blancos algún día van a ser necesarios para la economía estadounidense. Sin acceso a una educación de calidad, esa fuerza laboral no tendrá los medios para mantener a los muchos *baby boomers* blancos jubilados del futuro.

Un trabajador en Baltimore que sólo tenga certificado de bachillerato normalmente gana 28 496 dólares al año, menos que la mediana de ingresos de los graduados de bachillerato a nivel nacional, que es de 29 mil 815 dólares. Es difícil mantener a una familia con esa cantidad de dinero. Apenas rebasa el umbral de pobreza para una familia de cuatro. Una generación entera de trabajadores de color, que hoy se encuentra segregada en escuelas de bajo rendimiento, no podrá generar los ingresos fiscales para pagar las pensiones y el tratamiento medico del enorme contingente de estadounidenses que están a punto de retirarse.

---

[2] *Community* —o *junior*— *college* es una institución pública que ofrece, a precios accesibles, programas de dos años de educación superior, sobre todo vocacionales y técnicos. Otorga títulos de asociados, diplomas y certificados, a diferencia de los *colleges* y universidades que otorgan grados y posgrados. Pero también encausa a algunos estudiantes hacia la universidad o al *college* completo. [N. del T.]

Los sistemas escolares segregados, moldeados según prejuicios raciales, también les han fallado a los estudiantes blancos más vulnerables. El sociólogo Sean Reardon ha documentado cómo la brecha de logros académicos entre pobres y ricos ha crecido más que la que hay entre negros y blancos. Hace 50 años la divergencia racial en competencia académica era entre 1.5 y dos veces mayor que la que había entre el niño de una familia rica en el percentil 90 de la distribución de ingresos y el de una familia en el percentil 10. Hoy, la brecha entre pobres y ricos es casi el doble de la que hay entre los niños negros y blancos. La disparidad en rendimiento que persiste entre los estudiantes blancos y los negros o latinos se debe, sobre todo, a su clase social: los afroamericanos y los hispanos son, por lo general, más pobres.

La educación superior es cada vez más un coto exclusivo de la élite. Según un análisis de la OCDE en 2014, sólo uno de cada 20 estadounidenses de entre 25 y 34 años cuyos padres no terminaron el bachillerato tiene título universitario. Entre los 20 países ricos en el análisis, el promedio es de casi uno por cada cuatro. En las universidades más competitivas de Estados Unidos menos de uno de cada siete estudiantes de nivel licenciatura proviene de la mitad más pobre de las familias. Éstas por lo general recurren al *college* comunitario. El 60% de los estudiantes en estas instituciones provienen de familias que ganan menos de 65 mil dólares al año. Y ahí, su sueño americano en gran medida muere. Un estudio del Departamento de Educación que siguió a estudiantes que ingresaron a estos *colleges* en 2004 encontró que tras seis años sólo un tercio había obtenido algún certificado, 18% lo seguía intentando y 46% había desertado.

La raza dio a la inequidad una gran oportunidad, al apuntalar la inevitable frontera que separa las oportunidades educativas entre los privilegiados y todos los demás. Aró entre nosotros y ellos un campo sobre el cual sembrar nuevas dimensiones de disparidad.

Esto duele intensamente en lugares como Fall River, Massachusetts. Casi enteramente blanca, la ciudad está apenas a 80 kilómetros al sur de Boston, el centro de la excelencia educativa de Estados

Unidos, donde los estudiantes van a Harvard, Tufts, Brandeis y el Massachusetts Institute of Technology (MIT). Cinco de los nueve jueces de la Suprema Corte estudiaron en la Escuela de Derecho de Harvard. En Fall River, sin embargo, el pedigrí vale poco. La ciudad que antes fuera el centro productor de textiles más grande del país hoy padece un índice de pobreza de 20%. El ingreso de un hogar típico es poco más de 39 mil dólares, apenas por encima de la mitad del promedio estatal. Más de 40% de los niños vive en hogares que reciben asistencia pública. Pocos esperan llegar a Harvard o al MIT. Menos de 15% de los adultos de más de 25 años ha logrado conseguir un título universitario. Y muchos más no terminaron el noveno grado. De aquellos que puedan entrar a la universidad, la mayoría probablemente aspire a un grado de asociado en el *college* comunitario de Bristol. Lo más probable es que sólo uno de cada cinco lo consiga en tres años. Menos de la mitad se graduará.

Fall River ofrece un mejor ejemplo del estado de la educación en Estados Unidos que Harvard. La historia que cuenta comienza antes de que los niños asistan a su primer día de clases. Como reportó Jane Waldfogel, experta en bienestar infantil y familiar, en *Too Many Children Left Behind*, en Estados Unidos los niños pobres entran al jardín de niños con más de un año de retraso cognitivo, comparado con los niños ricos. Tienen una probabilidad siete veces más alta de haber nacido de una madre adolescente. Tan sólo la mitad vive con sus dos padres, en comparación con 83% de los hijos de graduados universitarios.

Los hijos de padres menos educados sufren índices de obesidad más altos, tienen más problemas sociales y emocionales y son más proclives a reportar una salud pobre o insuficiente. Son más pobres, y por tanto tendrán menos probabilidad de asistir a un preescolar privado, o tomar clases privadas, tener tutores, cursos de música y arte, participar en equipos deportivos de élite o gozar de todos los otros lujos con los que los padres mejor educados agasajan a sus hijos. Una vez que entran al sistema de educación pública, vuelven a ser defraudados.

"Ningún Niño Rezagado" fue la iniciativa de George W. Bush exigiendo a las escuelas que se centraran en mejorar el desempeño de los niños del escaño más bajo de la escala socioeconómica. La de Barak Obama, "Carrera a la Cima", buscaba revolucionar las escuelas de bajo rendimiento, e impulsó medidas para evaluar a maestros y escuelas. En Nueva York, el alcalde Michael Bloomberg cerró las escuelas públicas grandes y fomentó las pequeñas, a las que permitió experimentar con la pedagogía y el plan de estudios. Durante décadas, los republicanos han propuesto ofrecer vales para que las familias paguen escuelas parroquiales y dejen el sistema público. Tanto los demócratas como los republicanos defienden las escuelas *charter* —privadas con financiamiento público—, que están exentas de muchas de las leyes y reglamentos que limitan a las públicas.

Toda esta experimentación ha hecho poco para atenuar la deficiencia más nociva de la educación en el país: su arraigada segregación. Al permitir que los padres más comprometidos de los barrios menos privilegiados huyan de sus escuelas, en alguna medida la solución ha exacerbado la desigualdad de oportunidades educativas.

En verdad, la única manera de superar esas inequidades es construir una sociedad que realmente invierta en mejorar y ampliar las oportunidades de todos. Hasta que eso suceda, la educación pública no sólo les fallará a los estudiantes de color, sino a todos los niños que empiezan en desventaja. La OCDE señaló en un reporte de 2013: "Las desventajas socioeconómicas se traducen más directamente en bajo desempeño educativo en Estados Unidos que en muchos otros países". En Fall River, cuatro de cada cinco personas son blancas. Alrededor de 45% de sus niños blancos viven con una madre o un padre solteros. Las escuelas públicas también a ellos les están fallando.

Hace medio siglo Daniel Patrick Moynihan causó un gran revuelo cuando publicó su evaluación del daño que la turbulencia económica causaba a las familias afroamericanas. "Hemos demostrado una relación clara entre el empleo masculino, por ejemplo, y la cantidad de niños dependientes de la asistencia social —escribió—. El empleo depende del nivel de educación que depende en buena medida de la estabilidad de la familia, que a su vez depende del empleo."

La crisis de la familia ya no es exclusivamente una patología de minorías. Casi tres de cada cuatro bebés negros y poco más de la mitad de los hispanos nacen de madres solteras. Pero también nace en estas condiciones un tercio de los niños blancos no hispanos. Como escribieron Maria Cancian y Ron Haskins en un estudio sobre familias de bajos ingresos, "parece razonable concluir que, en el futuro cercano, los nacimientos no matrimoniales seguirán engrosando el número de familias encabezadas por mujeres".

Tupelo, el lugar de nacimiento de Elvis Presley en la esquina noreste de Misisipi, ha sentido intensamente el impacto del declive de la familia estadounidense. Hubo un tiempo en el que ofrecía más que nostalgia del rock-and-roll. Tenía una especialidad: los muebles tapizados, esos cómodos sillones reclinables preferidos por los varones de mediados del siglo XX. Luego llegaron los chinos. Las importaciones de muebles tapizados y productos similares de los que dependían los habitantes de Tupelo inundaron el mercado. La economía local quedó devastada. En el condado de Lee, que abarca a Tupelo, el empleo en la manufactura ha caído 40% desde 2001. Los empleos en general sólo han crecido 4.5% en 19 años. Los salarios han aumentado apenas 5%, después de la inflación. Y la implosión del mercado laboral se ha llevado a la familia consigo. Para 2017 la mitad de los niños de Tupelo vivía en familias monoparentales.

A las familias adineradas les va bastante bien. Pero para los aproximadamente dos tercios de adultos sin título universitario la familia es una institución inestable. En 2012 más de 80% de las mujeres de 40 a 55 años con educación universitaria estaban casadas. Pero la proporción caía a sólo dos tercios entre las mujeres blancas de esta edad que no tenían más que el bachillerato completo. Y entre mujeres negras sin un grado universitario el porcentaje de casadas no llegaba a la mitad.

Es más probable que las mujeres menos educadas críen a su hijos por sí solas. En 2010 el 45% de los niños blancos y 75% de los negros hijos de madres sin experiencia universitaria vivían en familias monoparentales. Sus vidas serán mucho más duras. En 2010 casi la mitad de los hijos de madres solteras vivía por debajo del umbral de pobreza, el cuádruple de los niños que vivían con padres casados. Algunos estudios han encontrado que los niños varones criados por mamás solteras en entornos difíciles —sin un modelo masculino a seguir— son más proclives a descarrilarse de adolescentes, reprobar el bachillerato, nunca ir a la universidad y repetir el patrón de carencias de sus papás.

Como reconoció Moynihan hace medio siglo, lo que quebró a la familia estadounidense fue el colapso de un mercado laboral que había permitido mantener un hogar a los hombres cuya educación había culminado con el certificado de bachillerato. El profesor Cherlin escribió que en el apogeo de la familia durante los años sesenta y setenta 40% de los maridos blancos y más de la mitad de los negros podían considerarse de "clase obrera", y se ganaban un salario decente en la manufactura, la construcción, el transporte o en los servicios públicos. Para 2010 menos de un tercio tenía ese tipo de empleo.

Durante los últimos 30 años los salarios de los hombres que sólo cuentan con educación media superior perdieron la quinta parte de su valor. En una sociedad cada vez más segregada por raza, educación e ingresos, donde los acomodados se casan con los igualmente prósperos, las mujeres menos educadas que tuvieron que escoger pareja de entre un grupo de fracasados prefirieron quedarse solas. Como también señaló el profesor Cherlin, cuando la familia tradicional de clase trabajadora en la que el hombre ponía el pan sobre la mesa se quebró, "nada estable llegó a reemplazarla".

A los adalides conservadores les gusta explicar estas tendencias con una moraleja: mimados por los programas sociales del gobierno, los varones estadounidenses decidieron que las cargas del matrimonio eran demasiado irritantes para soportarlas. A su vez, las mujeres beneficiadas por la asistencia social decidieron que no necesitaban a un hombre cuando el Estado era el proveedor. Como era de prever, el sistema político estadounidense repartió mano dura para solucionar el problema.

El presidente Clinton negó el derecho a los pobres a la asistencia social, en tanto prometía incentivar el trabajo, fomentar las familias biparentales y la reducción de nacimientos no matrimoniales. Ya años antes el gobierno había puesto en la mira a los padres sin custodia como fuente de dinero para reducir la carga que sus hijos implicaban a las arcas públicas. En 1986 el Congreso pasó la llamada Enmienda Bradley, bautizada en honor al senador demócrata y exjugador de basquetbol Bill Bradley, que penalizaba automáticamente a los padres retrasados en pagos de manutención, independientemente de sus circunstancias o su capacidad de pago.

Desde entonces, la aplicación estricta de la manutención de menores ha empujado a muchos hombres a la economía informal. Muchos hombres jóvenes han sufrido embargos al salario e incluso han sido encarcelados por el incumplimiento de órdenes de manutención que pueden seguir vigentes incluso si pierden el trabajo o van a la cárcel. Mientras tanto, las madres y los hijos no se han beneficiado mucho, porque la manutención usualmente conlleva recortes en los apoyos públicos. Cuando una corte ordena la manutención de una mujer que recibe asistencia pública, el Estado aprovecha para dejar de brindarle apoyo.

Lo que viene faltando es una respuesta congruente a la conclusión principal que Moynihan escribió hace muchos años: la familia estadounidense de clase media se quebró porque su base económica se hundió. Las políticas públicas deberían servir para "aumentar la estabilidad y recursos de las familias afroamericanas". Sólo hay que tachar "afro" de esa oración y tendremos una gran propuesta para todo el mundo.

No es cuestión de moral. Según cualquier estándar convencional, Tupelo debería ser muy virtuoso. A fin de cuentas, es el hogar de la Asociación Americana de la Familia —antes conocida como la Federación Nacional por la Decencia— que ha estado en el frente de la guerra cultural desde 1977. Casi dos tercios de sus habitantes se definen como creyentes religiosos. El problema de Tupelo trata de oportunidades de trabajo.

No es que quiera restregarlo, pero también en Francia la familia vive tensiones. En las últimas dos décadas sus índices de casamiento han disminuido considerablemente. Sin embargo, la diferencia de los estadounidenses, los padres y madres franceses se quedaron juntos. En Francia, el hijo de una pareja que no está casada probablemente crezca en un entorno financiero relativamente seguro, con papá y mamá que viven juntos. Más de 76% de los niños franceses vive con sus dos padres, en este país, menos de 69 por ciento.

Las decisiones de Francia reflejan una cultura distinta. Es más relajada ante la cohabitación extramarital y, más importante, tiene una actitud más generosa hacia la seguridad social y el Estado de bienestar. Cuando la globalización tecnológica vapuleó a los trabajadores franceses, su gobierno proporcionó el apoyo económico que necesitaban para sobrevivir. Los franceses gastan alrededor de 3.7% de su PIB en beneficios familiares, incluyendo subsidios para los hijos, licencia pagada por maternidad o paternidad, y guarderías gratuitas. Eso equivale a más del triple de lo que Estados Unidos gasta, según datos de la OCDE.

Otro análisis de la OCDE muestra que en Estados Unidos un padre o madre soltero con dos hijos de dos y tres años, que gane dos tercios del salario promedio, tendrá que erogar más de la totalidad de sus ingresos para pagar una guardería u otro tipo de cuidado de sus hijos. En Francia, donde el gobierno garantiza guarderías universales e impone controles de precios para asegurar que sean asequibles, ese padre o madre sólo pagaría 5% de su salario. Las familias más pobres de Francia sobrevivieron mejor a los golpes económicos del último cuarto de siglo simplemente porque el Estado de bienestar no las dejó caer tan bajo. Los impuestos y las transferencias gubernamentales reducen el índice de pobreza de las familias francesas en casi tres cuartos, de 37 a alrededor de 8%. En Estados Unidos la disminución es mucho más modesta, de 27 a 18 por ciento.

Sin bienestar material se viene abajo el argumento económico en favor de la familia clásica —en la que la madre y el padre conviven en el mismo hogar—. Mantener el bienestar material es también crucial cuando las familias se separan. Sólo 15% de los niños franceses que viven en familias monoparentales es pobre. Si su padre o madre no tiene trabajo, la proporción se eleva hasta poco más de un tercio. En cambio, en Estados Unidos la pobreza atrapa a un tercio de los niños criados por un padre o madre soltero que trabajen, y a más de 90% si no tiene empleo. No es difícil ver qué país tomó la mejor decisión.

Tampoco es que los franceses estén contentos con los impuestos que pagan. Las protestas de los chalecos amarillos que sacudieron a Francia a partir de 2018, provocadas por un aumento al impuesto a la gasolina, estaban motivadas por la idea de muchos trabajadores franceses de que sus instituciones gubernamentales, que permiten a los ricos evadir los impuestos mientras se deterioran los servicios públicos para las personas trabajadoras como ellos, violaban el contrato social que les había prometido un bienestar creciente. No hay nada en Francia, sin embargo, que ni lejanamente se parezca a la inflexible resistencia de los estadounidenses contra el gobierno y los servicios que les brinda. En ese país, los ingresos fiscales representan más de 46% de la producción económica. El gobierno estadounidense —federal, estatal y local— se las arregla, en conjunto, con 27% del PIB.

Los estadounidenses blancos se están dañando a sí mismos de muchas formas. No hay país que no sea zona de guerra en que circulen tantas armas de fuego como en Estados Unidos. La Asociación Nacional del Rifle dirá que la fascinación con las armas de fuego es un reflejo de la fe ciega en la Segunda Enmienda a la Constitución, que según la Suprema Corte permite a quien se le antoje portar armas. La verdad es que se debe, sobre todo, a la hostilidad racial. Durante el movimiento por los derechos civiles, cuando los negros empezaron a portar armas para defenderse de los extremistas blancos y de la policía, el gobernador de California, Ronald Reagan, firmó la Ley Mulford, que prohibía portar armas cargadas en público. En nuestros días, los blancos son dos veces más proclives a cargar armas que los afroamericanos, según datos del Centro de Investigaciones Pew, y dos veces más proclives a rechazar cualquier medida para controlarlas. El racismo —que suele articularse como miedo a la violencia de los negros— está entre sus principales motivaciones. Un estudio hecho por investigadores australianos y británicos descubrió que el "racismo simbólico" —expresado, por ejemplo, en poner en duda que la experiencia de la esclavitud dificulta a los negros salir adelante— explica en buena medida el apego de los blancos a las armas de fuego. "La actitud hacia las armas de muchos blancos estadounidenses parece estar influida por ilógicos prejuicios raciales", concluyeron.

La gran ironía es que los blancos que se arman para defenderse de la posible violencia de los negros son los que más directamente sufren por la abundancia de armas en Estados Unidos. Como señala Jonathan Metzl en su libro *Dying of Whiteness*, desde finales de los años noventa hasta la mitad de la segunda década del siglo XX, entre la gente blanca los suicidios por arma de fuego se elevaron meteóricamente, al tiempo que disminuían los homicidios con dichas armas. Para 2015, más de 19 mil de los 20 779 suicidios con arma de fuego eran de blancos no hispanos.

Consideremos de nuevo el encarcelamiento. El condado de Dearborn, Indiana, no tiene nada excepcional. Al igual que gran parte de las zonas rurales del país, ese condado a 32 kilómetros de Cincinnati es implacablemente blanco. Más de tres cuartos de sus 50 mil habitantes tienen ancestros alemanes, irlandeses o ingleses. Sólo 2.7% se identifica como personas de color.

Dearborn está viviendo la historia clásica de la transformación económica de Estados Unidos. El ingreso del hogar típico es alrededor de 58 mil dólares, un poco menos que el promedio nacional. Menos de uno de cada 10 de sus habitantes es pobre. Pero, al igual que las demás zonas rurales del país, se está quedando inexorablemente rezagado, víctima de fuerzas económicas que redirigen los empleos y las oportunidades hacia los grandes centros urbanos de las costas.

Desde 1990 el condado ha perdido más de la cuarta parte de sus empleos en manufactura. Los salarios, en promedio, son un poco más bajos de lo que fueron antes de los cambios. Su población se está reduciendo, y también envejeciendo. La productividad, medida como el valor en dólares por trabajador en la producción económica del condado, ha estado disminuyendo a un ritmo aproximado de 1.2% anual.

Tal vez no sorprenda que muchos de los lugareños hayan recurrido a las metanfetaminas, los medicamentos opiáceos y la heroína para aliviar sus penas. ¿La respuesta del gobierno? Dearborn pone a más de sus habitantes tras las rejas que ningún otro condado en el país. Alrededor de uno de cada 10 adultos está encarcelado o en libertad condicional. Lejos de lo que alberga el imaginario popular: en el que temibles pandillas de jóvenes negros y latinos asolan por la noche las calles de enclaves urbanos infestados por el crimen, Dearborn se ha convertido en el improbable símbolo de la intransigente estrategia del país para lidiar con la disfunción social.

Condicionados a concebirse asediados por fuerzas fuera de su control, los estadounidenses blancos mirarán a Dearborn y se preguntarán dónde fue que el mundo se les torció. Los pueblos pequeños hervirán de resentimiento contra las élites metropolitanas que de alguna manera los privaron de oportunidades, y contra los extranjeros que, según temen, se roban sus impuestos y les quitan sus empleos. Pocos reconocerán la responsabilidad de un Estados Unidos blanco que no quiso extender una mano amiga a las personas de color, y que diseñó la estrategia de encarcelar a los perdedores.

Durante la primera década del siglo XXI, de acuerdo con un análisis en el *New York Times*, la población de todo tipo de zonas, rurales, suburbanas y urbanas, tenía la misma probabilidad de terminar en prisión. Actualmente, la probabilidad de ir a la cárcel es 50% mayor para los habitantes de los condados rurales pequeños y predominantemente blancos que para los que viven en zonas urbanas.

El daño producido por el amor de Estados Unidos por las cárceles reverberará durante generaciones. Más de la mitad de los reclusos tienen hijos menores de edad. La probabilidad de que esos niños acaben expulsados o suspendidos de la escuela es cinco veces mayor que la de los hijos de hombres y mujeres libres. Los economistas Anna Aizer y Joseph Doyle Jr. hallaron que poner a menores de edad en recintos de detención juvenil reducía su probabilidad de graduarse del bachillerato y aumentaba su probabilidad de ser encarcelados de adultos.

Según un estudio realizado en Detroit por investigadores de Universidad de Columbia y la Universidad Estatal Wayne, los habitantes de barrios con altos índices de encarcelamiento, incluso los que nunca han estado en prisión, son mucho más proclives a sufrir depresión y ansiedad. Después de cierto punto, un índice alto de encarcelamiento atiza la criminalidad. Los exconvictos vuelven a sus barrios con nuevos aprendizajes de conductas indeseables adquiridas en la cárcel. Cargados de antecedentes penales, y sin capacidad para obtener empleo, no les queda otra opción que pasar el tiempo con sus antiguos compinches.

Los convictos y exconvictos enfrentan restricciones legales para acceder al empleo, a beneficios sociales como el de vivienda pública, y a beneficios educativos. Algunos estados eliminan sus derechos parentales y restringen sus derechos civiles, como el derecho a votar, a ser jurado y a ser funcionario público. Al poner tras las rejas a una proporción tan grande de lo que será su masa trabajadora del futuro, el país la está condenando al fracaso, a la vez que se condena a sí mismo.

Tal vez sea posible esperar que los estadounidenses un día dejen atrás su característica hostilidad racial y traten de construir una sociedad incluyente. Por el momento están más dispuestos a tender la mano a los perdedores del cambio económico cuando se reconocen a sí mismos entre las víctimas.

Al día de hoy, la proporción de bebés blancos nacidos fuera del matrimonio es mayor que la de bebés negros cuando Moynihan escribió su famoso informe. Pero nadie está diciendo que los blancos de moral dudosa estén atrapados en una "maraña de patologías". Como escribió Ta-Nehisi Coates, tal vez el término "patología" "esté reservado para los negros".

Cuando en los años ochenta la cocaína en crack se apoderó de los barrios urbanos, la respuesta de Washington fue la Guerra contra las Drogas. Durante las tres décadas siguientes los índices de encarcelamiento para delitos relacionados con drogas se multiplicaron por 10, a 143 por 100 mil habitantes. Esto excede en 50% la tasa promedio de encarcelamiento por todo tipo de crímenes en Europa occidental.

Los enemigos en esa guerra, además de mexicanos y colombianos, fueron los negros. Las Academias Nacionales de Ciencias reportaron que los afroamericanos venden o consumen drogas ilícitas con la misma frecuencia que los blancos. Pero en 2010 el 1.3% de los negros fue arrestado por delitos de drogas, casi triplicando la tasa de arrestos blancos.

En nuestros días, Estados Unidos se enfrenta a otra epidemia de drogas, pero esta vez los afectados son sobre todo blancos. Números crecientes de hombres y, en menor medida, mujeres de mediana edad se están medicando con opiáceos, y se gradúan del Oxycontin y el fentanilo, que sólo se adquieren con receta, a la heroína, más barata. Con frecuencia, en el camino se matan. En 2015 cerca de 35 mil personas murieron por sobredosis de opiáceos.

Anne Case y Angus Deaton han estudiado de cerca la desesperación de la clase trabajadora blanca. En un par de estudios seminales descubrieron que durante el último cuarto de siglo las tasas de mortalidad por suicidio, envenenamiento por alcohol y drogas, hepatitis alcohólica y cirrosis se dispararon a 80 por cada 100 mil estadounidenses blancos de cincuenta-y-pocos años. Esto es más o menos el doble de las tasas de esta clase de muerte en otros países ricos. Y esta tasa se está elevando sobre todo entre los menos educados. En 2015 la mortalidad por drogas, alcohol y suicidio de los varones blancos no hispanos de cincuenta-y-poco que contaban con licenciatura se mantuvo por debajo de 50 por 100 mil habitantes, pero entre quienes sólo contaban con bachillerato se elevó hasta 180 por 100 mil. Case y Deaton escribieron que en 1999 un estadounidense blanco no hispano de entre 50 y 54 años sin título universitario tenía una tasa de mortalidad 30% menor a la de un afroamericano de la misma edad con cualquier nivel de estudios. Para 2015, entre el mismo grupo de edad, los estadounidenses blancos sin universidad tenían 30% más probabilidad de morir que los negros. También hallaron semejanzas en la mortalidad de negros y blancos menos educados en todos los grupos de edad, desde casi 30 años hasta poco más de 60. Los investigadores las llamaron "muertes por desesperanza" y plantearon "una historia preliminar, pero plausible", en la que las cada vez peores oportunidades laborales de los blancos de clase trabajadora con un nivel educativo relativamente bajo provocan una acumulación de desventajas "en el mercado laboral, en resultados del matrimonio y de hijos, y en la salud".

Aunque los afroamericanos tengan un índice de mortalidad más alto que los blancos, no se matan tan seguido. Estadísticas del gobierno señalan que aproximadamente 26 de cada 100 mil estadounidenses blancos no hispanos de entre 40 y 59 años se suicidan. Entre los latinos y negros en ese rango de edad, la tasa está en torno a 7 por 100 mil. En otras palabras, los trabajadores blancos sin título universitario se están matando por haber perdido su acceso a la prosperidad.

En un estudio reciente, los economistas Justin Pierce y Peter Schott descubrieron que los índices de mortalidad por suicidio, sobredosis y otros envenenamientos aumentaron en los condados donde los empleos estaban más expuestos a las importaciones cuando Estados Unidos permitió el ingreso de China a la Organización Mundial del Comercio. El aumento de muertes más notorio fue entre varones blancos que habían dominado los mejores trabajos en las manufacturas que de pronto quedaron expuestas a un flujo constante de importaciones chinas.

En términos de políticas públicas, la respuesta a esta nueva crisis de adicciones está mostrando ser críticamente distinta a la reacción irreflexiva a las drogas que metió a tantos negros a la cárcel. El Senado no está por nombrar un nuevo zar antidrogas. La DEA no está mandando agentes con órdenes de aprehensión a las comunidades rurales blancas. Los políticos, desde el presidente hasta los cargos más bajos, están hablando de una crisis de salud pública, no de una guerra.

En 2016 el Congreso aprobó la Ley Amplia de Adicciones y Recuperación, que aumentaría el acceso a la naloxona —el fármaco que puede recuperar a los adictos en el filo de una sobredosis— y a los medicamentos para combatir adicciones. Por todo el país han surgido tribunales especializados en drogas, que ofrecen rehabilitación supervisada a los adictos.

Entre 2011 y 2016 el gasto en recetas cubiertas por Medicaid para tratamientos de adicción a opiáceos y sobredosis aumentó de menos de 400 millones de dólares a más de 900. Incluso durante el otoño de 2017, mientras los republicanos se esforzaban por desmantelar el esfuerzo del presidente Obama por crear un seguro médico universal, los senadores del partido exigían decenas de miles de millones de dólares de financiamiento federal para costear programas de rehabilitación en sus estados.

La pregunta es si este momento de crisis para los blancos podrá enseñar a sus votantes la importancia de la solidaridad. Estados Unidos necesita desesperadamente construir los bienes públicos que otras sociedades han instaurado para proteger a sus poblaciones más vulnerables de los estragos de un cambio económico salvaje. Construir una red capaz de ofrecer este tipo de seguridad requiere superar una larga tradición de desconfianza racial, de miedo racial, de condescendencia racial. Requiere construir un sueño americano accesible para todos.

Phoenix ha tenido una mala racha. Su población se ha triplicado desde que yo era niño, a 1.6 millones de habitantes. Sin embargo, su clase trabajadora no ha prosperado mucho. Los ingresos de una familia típica han disminuido 10% desde el año 2000. La mezcla étnica de la ciudad también ha cambiado: en 1960 había 40 mil blancos "con apellido español", menos de 10% de los residentes. Hoy los latinos son más de 40% de la población, en tanto que la proporción de blancos no hispanos se ha reducido a la mitad. No están muy contentos con este giro. Entre 1992 y 2016 los habitantes del condado de Maricopa, donde está Phoenix, eligieron como sherif a Joe Arpaio. Durante su última década en funciones, Arpaio lanzó una campaña de tierra arrasada contra los "inmigrantes ilegales", que barrió con cualquiera que pareciera latino.

En los años ochenta el gobierno demolió la casa de mis abuelos para construir la carretera Red Mountain, que corre al este hacia Papago Park y la comunidad acomodada de Scottsdale. Desde entonces, el barrio en que vivían se ha vuelto más bravo. La tasa de pobreza infantil está alrededor de 30%. La mitad de los niños en ese código postal vive en familias monoparentales. La mitad depende de la asistencia pública para llegar a fin de mes.

Mis abuelos murieron hace años. La economía con la que se habían construido una vida alfombrada, con estéreo de ocho pistas y un Pontiac en el patio trasero se vino abajo. Desde mi perspectiva como estadounidense adulto, el espacio que alguna vez ocupó esa casa del lado equivocado de las vías habla no de un sueño americano, sino del fracaso de un país.

6

Desgarrándonos

Los lugares que están dando forma a la actual política estadounidense no son las grandes ciudades como Nueva York y San Francisco. No son la vanguardia de las metrópolis, en la frontera del progreso tecnológico. No son sedes de poder. La historia de la política nacional se está escribiendo en lugares como el condado de Macomb, en Míchigan. Sus relatos comparten el sabor distintivo del fracaso.

Extendido al noreste de los suburbios de Detroit, Macomb parece más del pasado que del futuro. Está envejeciendo más rápido que el conjunto del país. Su nivel educativo es relativamente bajo. Tras años de depender de los empleos estables en las líneas de ensamblaje de las plantas de General Motors, Ford y Chrysler, accesibles a todo el que tuviera certificado de bachillerato, pocos trabajadores de Macomb se molestaron en asistir a la universidad. Menos de un cuarto de los habitantes del condado mayores de 25 años cuenta con licenciatura. Cuando la industria automotriz se automatizó, sus obreros de educación modesta, reemplazados por las máquinas, descubrieron que estaban mal capacitados para ese nuevo momento en la historia económica del país.

Desde principios del siglo, Macomb ha perdido un tercio de sus empleos industriales, así como la cuarta parte de sus puestos de trabajo en la construcción. La nueva economía del condado no ha ofrecido refugio alguno a sus desplazados. La manufactura, sobre todo en armado de autos, sigue siendo el mayor empleador, pero según un análisis del *college* comunitario de Macomb y la organización sin fines de lucro Data Driven Detroit, tres cuartas partes de los trabajos que ofrece la industria automotriz requieren licenciatura. Más de 40% de los empleos en el sector salud también pide cuatro años de universidad. En el conjunto de industrias, 50% lo solicita. Aunque Macomb no es de ninguna manera pobre —sus familias siguen siendo más acomodadas que el promedio nacional—, hacia allá se dirige: los ingresos anuales de los varones que trabajan tiempo completo han caído 22% desde 2000.

Macomb sigue siendo notablemente homogéneo: 81% de su población es lo que el censo llama "blancos no hispanos". Los afroamericanos tan sólo conforman 11% de los habitantes del condado; los latinos, 2.4%. Sin embargo, los lugareños añoran los días de más blancura en el condado; en el año 2000 más de 90% de sus habitantes era blanco no hispano.

El cambio se avecina. El 60% del aumento en la población del condado durante los últimos seis años se debe a la inmigración del extranjero. El cambio demográfico ha sido tan drástico que la clase obrera blanca mayoritaria ha estado más que dispuesta a canalizar su ansiedad —por los empleos perdidos y los salarios estancados— en el temor al cambio demográfico. Y ha aceptado la invitación de Donald Trump a culpar a las personas de piel más oscura. Habiendo votado en dos elecciones consecutivas por el primer presidente negro del país, en noviembre de 2016 los ciudadanos de Macomb dieron un vuelco para regalarle a Trump el condado, y posiblemente todo el estado de Míchigan. En Macomb ganó por 48 mil 348 votos. Su margen en todo el estado sólo fue de 13 mil 107.

Después de las elecciones, los desconcertados demócratas descendieron en Macomb para tratar de averiguar qué le acababa de pasar a una clase obrera que habían supuesto de su lado. Democracy Corps, dirigido por el veterano encuestador demócrata Stan Greenberg, se unió al Roosevelt Institute, de corte liberal, para hacer dinámicas focales con grupos de hombres y mujeres blancos que se definían como demócratas o independientes —habían votado por Barack Obama—, pero ahora habían jurado lealtad a Trump. Destaparon una enorme veta de desconfianza racial. Los votantes de Macomb, concluyeron, "tienen sentimientos tan poderosos sobre la raza, los extranjeros y el islam, que los llevaron a percibir a la gente blanca como víctima en un país que sienten cada vez más ajeno".

El giro electoral no fue sutil. Me resulta difícil comprender cómo un votante puede apoyar a un intelectual afroamericano reflexivo, con un profundo entendimiento de las políticas públicas y, sólo cuatro años después, virar a dejarse seducir por un viejo demagogo blanco, racista y antiintelectual. El cambio subraya la enormidad de la desconfianza racial blanca reaccionando a las nuevas realidades demográficas.

La primera encuesta de Greenberg en Macomb fue en 1985, cuando buscaba saber cómo era que un suburbio demócrata repleto de sindicalizados leales pudiera dar a Ronald Reagan una victoria aplastante. Encontró una marcada frontera de miedo y desconfianza entre un agraviado "nosotros" blanco y un "ellos" negro y perezoso. La frontera también era geográfica: la carretera Eight Mile, en Detroit.

Cuando volvió en 2008, los negros ya habían sido sustituidos como objeto de desdén de los votantes blancos. El nuevo objetivo eran los inmigrantes. "Nadie mencionó Detroit. Nadie culpó a los negros —me dijo Greenberg—. De haberles aplicado una prueba de racismo, la habrían reprobado, pero las relaciones raciales no fueron tema central." El adversario del momento era la subcontratación y también el Tratado de Libre Comercio.

Para cuando Trump declaró su candidatura, el electorado de Macomb había resuelto que los inmigrantes eran la amenaza más importante a su estatus. Los votantes por Trump —de más edad, blancos, no latinos— no podían menos que darse cuenta de que ellos ya no eran el futuro del condado. De no ser por la inmigración, la población estaría en declive. En tiempos de creciente escasez de oportunidades económicas, la ansiedad generada por ese cambio demográfico los hizo volverse hacia adentro. El discurso de Trump les ofrecía una promesa apenas velada de que los blancos recuperarían a su viejo país amado, en el que abundaban los buenos empleos y las personas de color eran pocas e impotentes.

Puede comprenderse la nostalgia de los atribulados votantes blancos de Macomb. Su vida se ha tornado precaria. Difícilmente sorprende que se sientan abandonados por la historia. Pero su apetito por las respuestas fáciles de Trump —enfrentar a un agraviado "nosotros" blanco contra un "ellos" extranjero y no blanco— no ofrece soluciones reales. De hecho, es un mal augurio para cualquier esperanza de que Estados Unidos pueda desarrollar la generosidad necesaria para construir la respuesta colectiva que exigen los retos del país.

Macomb presenta un pueblo preso por el miedo al otro. Ese miedo puede aplicarse a los negros o a los inmigrantes, a los musulmanes o simplemente a quienes viven en otros países. Sea cual sea la forma que asuma, no deja mucho espacio para la solidaridad. No le sienta bien a un país que se vuelve menos blanco con cada año que pasa. Frente a más perturbaciones económicas inminentes, la creciente diversidad étnica será leña fresca para la hostilidad de base racial, apuntada a lo étnico y culturalmente enmarcada, que asola el sistema político estadounidense. La política de Estados Unidos aún no toca fondo en el foso de la raza.

¿Han visto el anuncio de Coca-Cola sobre el Super Bowl, en el que cantan "America the Beautiful" en distintos idiomas? Muestra vaqueros, pero también personas de color: asiáticos y latinos, una calle en el barrio chino, una mujer con pañuelo en la cabeza. Muchos de los hombres y mujeres blancos de Macomb no se lo creyeron. "Sencillamente no sé por qué no pueden cantarlo en inglés si estamos en Estados Unidos", dijo un encuestado del grupo focal de Democracy Corps. Cuando oyeron la legendaria declaración de Bobby Kennedy sobre la carga especial que tiene Estados Unidos "de ayudar a los estadounidenses negros a abrirse camino", muchos se sintieron como la joven que contestó: "Ya supérenlo. Su propia gente nos los vendió. ¿Por qué no demandan a su propia gente?"

Esas actitudes han moldeado la política de Macomb durante el último medio siglo. En 1960 era el condado suburbano más demócrata del país. Ahí, John F. Kennedy ganó 63% del voto. Lyndon Johnson se llevó 75%. Pero cuando los demócratas acogieron la agenda de los derechos civiles —dar a los negros derechos que habían sido exclusivos de los blancos— terminó su hegemonía. En 1967 las tensiones raciales en la vecina Detroit estallaron en uno de los primeros motines raciales urbanos del país. En los años setenta surgieron amargas disputas sobre el traslado en autobús de los niños negros de escuelas urbanas pobres a las escuelas más blancas y acomodadas de los suburbios. Y la política de Macomb dio un vuelco. En 1972 el condado acogió al Partido Republicano. En 1984 dos tercios de sus votantes apoyaron a Ronald Reagan.

En *Middle Class Dreams*, donde Greenberg busca explicar la victoria arrolladora de Reagan, los votantes blancos de Macomb aparecen definidos por su aversión a los negros. "Los negros eran la explicación de su vulnerabilidad y de casi todo lo que había salido mal en sus vidas", escribió. Cuando preguntó a los muchos votantes blancos que habían desertado del Partido Demócrata por la opinión de Bobby Kennedy sobre la responsabilidad de Estados Unidos con los negros, obtuvo respuestas como: "qué estupidez" y "con razón lo mataron".

La hostilidad racial de los blancos descontentos de Macomb ha perdido un poco de potencia desde tiempos de Reagan, pero sólo hasta cierto punto. Habrán votado por un presidente negro en 2008 y 2012, pero también estaban votando contra un enemigo en específico: una élite ejecutiva que no tenía problema con subcontratar sus empleos y reemplazarlos con robots y la barata mano de obra extranjera. Aunque el objeto de su temor haya mudado de los negros a los inmigrantes mexicanos, su desconfianza de las personas de color siguió siendo tan inexpugnable como siempre. El trato preferencial a los negros "tiene que acabar" respondió una mujer a los encuestadores de Greenberg en 2016. "Les han dado preferencias especiales para ingresar a las escuelas cuando no están calificados, sólo para que puedan tener una educación y conseguir un trabajo para el que tampoco están calificados y todo lo demás." Una mujer mayor del grupo de estudio añadió: "Ahora nosotros somos la minoría, y ellos, la mayoría".

Alguien de nombre Steve contó que le habían negado la llamada Bridge Card, tarjeta para acceder a beneficios gubernamentales, cuando perdió su trabajo en una planta de Coca-Cola por haberse lastimado la espalda. "Estábamos en la tienda de abarrotes, sólo mi-rándonos. ¿Cómo vamos a pagar esto? Y vi a alguien con un carrito lleno de cosas, repleto, simplemente desbordándose; estaba pagando con una Bridge Card; vestía lo mejor de lo mejor, una bolsa de 500 dólares, y se fue en su Escalade." Otro tipo, William, se quejó de que a él le costaba trabajo comprar hot dogs para sus hijos, mientras otros usaban su tarjeta de beneficios gubernamentales para pagar un filete: "Y me dicen que yo estoy mal o que soy racista o que no soy el... que soy privilegiado y que eso es lo que está mal".

La raza no es la única línea divisoria en Macomb. La descon-fianza también puede surgir por diferencias de ciudadanía, de idio-ma o de religión. Mary dijo que le asustaba la idea de que Estados Unidos pudiera convertirse en un país de minorías mayoritarias porque los inmigrantes ya no se molestan en asimilar los valores locales. Otro tipo echaba humo ante los inmigrantes en la oficina de Medicaid, que probablemente tenían acceso a vales de despensa. "Estoy completamente a favor de que todos tengan el sueño ameri-cano —dijo—, pero siento que la gente que está llegando se apro-vecha y se lo está quitando a muchas personas."

Construir una coalición que logre un Estados Unidos cohesio-nado, que pueda superar sus divisiones étnicas, necesitará que los blancos recelosos de Macomb se liberen de las garras del miedo racial. Desde su perspectiva, sin embargo, los logros que han tenido los negros y otras minorías raciales —igualdad de derechos legales y de oportunidades económicas— provienen directamente de su propio pellejo trabajador. Muchos tal vez habrán votado dos veces por un presidente negro. No obstante, añoran el país como era hace 50 años, cuando los negros no podían aspirar al poder.

Grandes porciones de Estados Unidos comparten el sufrimiento de los blancos trabajadores de cuello azul de Macomb. Una encues-ta de Ipsos y Reuters el día de las elecciones presidenciales descubrió que 61% de los partidarios de Trump decían que se sentían como extranjeros en su propio país, mientras 73% concordaban con la idea de que "cada vez más me identifico menos con lo que se ha conver-tido Estados Unidos".

Fundamentalmente les preocupa el cambio demográfico. Hace 50 años los blancos no hispanos conformaban más de cuatro quintas partes de la población estadounidense. Hoy son menos de dos tercios. En la parte perdedora de estos cambios demográficos, los votantes blancos de clase trabajadora eligieron a un candidato que les prometió que de nuevo haría grandioso al Estados Unidos que añoraban.

Unos meses antes de las elecciones de 2016, los profesores Autor, Dorn y Hanson, junto con el economista sueco Kaveh Majlesi, publicaron un estudio sobre el impacto del comercio en las preferencias políticas de los estadounidenses. Analizaron los votos para el Congreso en 2002 y 2010, en los distritos electorales más expuestos a China, donde la gente tendía a trabajar en industrias que competían directamente con importaciones de ese país. Esta gente fue la más vulnerable a la oleada de importaciones con las que China inundó el mercado estadounidense en cuanto fue invitada a la Organización Mundial del Comercio. Esto los empujó a los extremos.

Los votantes en los distritos republicanos que registraban grandes aumentos de importaciones chinas se inclinaron a reemplazar a sus legisladores moderados con conservadores. A su vez, la respuesta de los votantes en distritos demócratas expuestos al golpe comercial chino fue alinearse con demócratas liberales al estilo de Bernie Sanders o dar un giro completo hacia los republicanos conservadores. Como era de esperarse, la raza fue un factor importante: ante las importaciones, las minorías tendieron a la izquierda liberal; los blancos, en cambio, prefirieron la derecha conservadora.

Ese realineamiento terminó dando la presidencia a un candidato que libró una guerra comercial contra China, prohibió la entrada de muchos inmigrantes musulmanes, prometió construir un muro para impedir la entrada a mexicanos y otros latinos y juró sacar a Estados Unidos del Tratado de Libre Comercio. En un estudio posterior, Autor y colegas aplicaron su metodología a los estados más disputados del país en las elecciones presidenciales. Concluyeron que si la penetración de las importaciones chinas hubiera tenido sólo la mitad del aumento que tuvo, los estados de Míchigan, Wisconsin y Pensilvania en el Rust Belt habrían preferido a Hillary Clinton sobre Trump.

Por sí sola, China no puso a Donald Trump en la Casa Blanca. La investigación de John Sides para el Grupo de Estudio de Votantes del Democracy Fund reveló que las actitudes sobre el comercio o el gasto gubernamental no pueden explicar el giro de los votantes hacia el Partido Republicano entre 2010 y 2016. Incluso aquellos más opuestos al comercio liberal difícilmente habrían sido más proclives a votar por Trump de lo que fueron por votar cuatro años atrás por el candidato republicano, Mitt Romney.

Más bien, Sides descubrió que los votantes acudían a Trump por lo que sentían sobre los inmigrantes, los negros y los musulmanes. "Ningún otro factor predijo cambios en el partidismo blanco durante la presidencia de Obama con la misma fuerza y consistencia que la actitud racial", concluyó. El primer presidente negro del país contribuyó a que esos votantes se dieran cuenta de que sus días en el timón del poder político estaban contados.

No hay duda del papel que tuvo el ascenso de China, al presentarse como un rival creíble de la hegemonía mundial de Estados Unidos. Pero el "choque chino" que cambió las actitudes en Estados Unidos no se debió solamente a los empleos perdidos.

Tanto la creciente diversidad racial interna como la globalización contribuyeron a la sensación de los estadounidenses blancos de estar bajo asedio por esos motores de cambio —comentó la politóloga Diana Mutz—. La hegemonía numérica en declive de los blancos en Estados Unidos, junto con el estatus en ascenso de los afroamericanos y la incertidumbre sobre si el país sigue siendo la superpotencia económica hegemónica, se combinaron para provocar una reacción defensiva clásica entre los miembros de grupos dominantes.

En 2015 los blancos no hispanos eran minoría en 24 de las 100 zonas metropolitanas más grandes del país. Cifra 10 veces mayor que en 2010, y 19 veces más que en 1990. Seguramente la tendencia se va a acelerar. El libro de William Frey señala que entre 2010 y 2030 la población en edad laboral perderá 15 millones de blancos y ganará 26 millones de personas minoritarias, sobre todo latinos y asiáticos, pero también negros. Se prevé que para inicios de la década de 2040 los blancos no hispanos conformarán menos de la mitad de la población del país, cuando hace 50 años constituían 85 por ciento.

Entre los psicólogos sociales que han estado estudiando cómo la sensación de amenaza étnica afecta la actitud de las personas, Jennifer Richeson y Maureen Craig descubrieron que los estadounidenses blancos a quienes se les informó que en poco más de dos décadas dejarían de ser la población mayoritaria, expresaban opiniones más negativas de los latinos, negros y asiáticos, y prejuicios más automáticos favorables a los blancos y contra las minorías. También, que sus posturas políticas se movieron a la derecha.

Los blancos apartidistas de California que también recibieron información sobre la creciente población hispana en su estado fueron mucho más empáticos con las posturas republicanas que quienes no se enteraron de su huella demográfica en declive. Esto no sólo se observó en respuestas sobre posturas raciales. Sobre problemas neutros en cuanto a raza, como el del apoyo a la reforma de la asistencia a la salud, se expresaron en el mismo sentido. Los blancos informados del cambio demográfico hacia un país más hispano adoptaron posturas más duras en cuestiones de gasto militar. No obstante, si también se les aseguraba que se mantendrían en la cima a pesar de las dinámicas poblacionales, que tendrían mejores ingresos y que acumularían más riqueza que las minorías, no adoptaban posturas más conservadoras.

"En vez de augurar un futuro más tolerante, estos resultados sugieren que la creciente diversidad del país podría generar hostilidad intergrupal", escribieron Craig y Richeson. Conforme pierden terreno económico y demográfico —en empleos sin oportunidades y con salarios estancados—, los estadounidenses blancos de clase trabajadora están forjando sus posturas políticas en torno a su percepción de las amenazas raciales, vengándose de un sistema que han llegado a concebir amañado en contra de ellos, los legítimos dueños del país.

El orden liberal del mundo está en juego. Los miedos étnicos de los estadounidenses blancos no sólo están afectando la política interior: están reconfigurando su comprensión del lugar de Estados Unidos en el mundo. La investigación de Mutz y su colega Edward Mansfield sugiere que la desconfianza racial es, tal vez, el determinante más importante de lo que la gente siente sobre la globalización. En pocas palabras: los blancos con prejuicios contra otros grupos étnicos también tienden a creer que Estados Unidos es superior a los demás países y que debería dejar de involucrarse en los asuntos mundiales. Mientras más se sienten acorralados por las minorías, más se distancian de otras culturas.

La politóloga Shahrzad Sabet presentó un ingenioso experimento para detectar el impacto de los sentimientos de "nosotros contra ellos" en la opinión de la gente sobre el comercio internacional. Encontró que quienes creen que Estados Unidos es superior a los demás países tienden mucho más a aceptar importaciones de otro país si se les explica que benefician a una compañía llamada "Gordon & Roberts" que si la empresa se llamara "Tuntyakore & Zideying". La segunda les parecía demasiado ajena. Para Sabet, "la distancia cultural de los socios comerciales aumenta a más del doble la oposición al comercio internacional".

La amenaza demográfica al estatus dominante de los blancos en su propia casa se está mezclando con la desagradable sensación de que Estados Unidos ya no es el líder global que la mayoría de sus ciudadanos quisieran que fuera. Eso está alimentando un poderoso brote de inseguridad. En 2011 el 38% de los estadounidenses apoyaba la opinión de que Estados Unidos "está por encima de todos los demás países del mundo", según una encuesta del Centro de Investigaciones Pew. Para 2014 la proporción disminuyó a 28%. La caída más aguda fue entre republicanos. Reaccionan mostrando indiferencia por todo el orden liberal de la posguerra.

"Para los estadounidenses blancos, las consecuencias políticas de la amenaza racial y global a su estatus parecen apuntar en direcciones similares en lo que concierne a sus posturas sobre ciertos temas —escribió Mutz—: oposición a la inmigración, rechazo a las relaciones comerciales internacionales y la percepción de China como amenaza al bienestar de Estados Unidos." El argumento del presidente Trump de que Estados Unidos ha sido engañado por sus socios comerciales y debilitado por el comercio exterior es, para Mutz, un intento astuto por capitalizar la amenaza al estatus del país, percibida por su masa de votantes blancos de clase trabajadora.

Ese análisis augura tiempos oscuros para la política estadounidense, dividida entre votantes blancos decididos a proteger sus antiguos privilegios y atacando las fuerzas del cambio y, por otro lado, un creciente electorado de minorías que exigen tener voz en la dirección que va a tomar el país.

En 2014, a mediados del segundo periodo del presidente Obama, Ta-Nehisi Coates escribió un exitoso ensayo en *The Atlantic*, abogando por reparaciones que los blancos debían a los descendientes de los esclavos africanos. Señalaba que generaciones de negros siguieron sufriendo discriminación, a menudo impuesta y ordenada por el Estado, mucho después de que se aboliera la esclavitud. La opresión racial se extendía desde el "trazado de líneas rojas" en torno a vecindarios predominantemente blancos para impedir que ahí se asentaran familias negras, hasta instituir un sistema penal que parecía diseñado para expulsar a los varones negros de las calles.

No era una idea nueva. John Conyers, el veterano político afroamericano que de 1965 a 2017 representó en la Cámara a partes de Detroit, en 1989 presentó un proyecto de ley que llamaba a examinar la esclavitud y proponer remedios, y la continuó presentando en todas las legislaturas desde entonces. En 2019 varios demócratas contendientes a la presidencia, incluyendo a los senadores Kamala Harris, de California; Elizabeth Warren, de Massachusetts, y Cory Booker, de Nueva Jersey, así como al exsecretario de Vivienda y Desarrollo Urbano Julián Castro, expresaron su apoyo.

La idea no es universalmente popular. Una encuesta de YouGov, encargada justo después de la publicación del ensayo de Coates, reveló que los blancos estaban decididamente en desacuerdo: sólo 6%, comparado con 59% de los negros, coincidía en que el gobierno debería ofrecer reparaciones monetarias a los descendientes de esclavos. Menos de una quinta parte, en contraste con casi dos tercios de los negros, estaba de acuerdo en que el gobierno debería compensar a los descendientes de los esclavos ofreciéndoles más educación y capacitación laboral. Y sólo una séptima parte, comparada con la mitad de los negros, coincidía en que al día de hoy la esclavitud sigue obstaculizando el éxito de los afroamericanos. En 2016 una encuesta de Marist volvió a plantear la pregunta de las reparaciones. El apoyo de los blancos había aumentado a 15 por ciento.

El hogar afroamericano típico sólo gana 60% de lo que obtiene el típico hogar blanco. La proporción de negros en pobreza es el doble de la de blancos. Según encuestas de Pew, 70% de los negros piensa que la discriminación tiene parte de la culpa. Sólo 36% de los blancos está de acuerdo. Para 40% de los negros su negritud ha sido un obstáculo para salir adelante. Entre los blancos menos educados que tan sólo cuentan con bachillerato, tres cuartas partes dicen que su raza no les ha dado ninguna ventaja en la vida.

Tal vez no sea sorprendente, por lo tanto, que los blancos y las minorías no estén de acuerdo en qué debe hacer el gobierno para sanar los males socioeconómicos del país. Una encuesta de Pew descubrió que casi dos terceras partes de los blancos querrían que el gobierno fuera más pequeño, que recaudara menos impuestos y brindara menos servicios. En contraste, 60% de los negros y 70% de los latinos preferirían que el gobierno fuera más grande. En una encuesta de Gallup de 2016, tan sólo 28% de los blancos contestó que el gobierno tenía un papel importante para mejorar el estatus económico y social de los negros y de otras minorías, comparado con casi dos tercios de los negros y latinos. Tres cuartas partes de los negros y dos terceras partes de los hispanos —pero menos de la mitad de los blancos— aprobaban programas de acción afirmativa.

La raza da forma a la visión del futuro de los estadounidenses. De acuerdo con una encuesta de Pew publicada varios meses antes de la elección de Trump, más de 40% de los negros cree que el país nunca hará los cambios necesarios para darles los mismos derechos que a los blancos. Sólo uno de 12 blancos coincide. De hecho, 60% de los republicanos cree que al país le preocupa demasiado la raza.

Sólo un tercio cree que se necesitan más cambios para dar a los negros los mismos derechos que a los blancos.

La mayoría de los blancos piensa que el país ha hecho más que suficiente para expiar el pecado de la esclavitud, creencia exacerbada por el triunfo electoral que llevó a Barack Obama a la Casa Blanca. Tras su victoria, las encuestas revelaron una mayor tendencia en los blancos a descartar reclamos de discriminación racial. Su éxito erosionó el ya de por sí débil apoyo blanco a políticas diseñadas para favorecer a las minorías raciales. Razonaban que si un negro podía ser elegido presidente, Estados Unidos ya debía haber alcanzado la igualdad racial; ya no había necesidad de políticas para equilibrar el campo de juego. Más bien, había que hacer algo para evitar que la cancha se siguiera inclinando contra sus intereses.

Si acaso, el cambio demográfico va a ampliar la brecha entre opiniones de los blancos y los demás. En el futuro predecible, casi todo el crecimiento demográfico del país será a cuenta de las minorías étnicas. El único segmento de población blanca en aumento es el de más de 60 años. Y según un análisis de Frey, entre 2000 y 2017 el segmento blanco de menos de 18 años se redujo en 43 estados. De no ser por las minorías, las cohortes más jóvenes del país estarían disminuyendo.

Ese patrón está hecho a la medida para batallas explosivas por recursos. Ruy Teixeira y Robert Griffin, investigadores del Centro por el Progreso de Estados Unidos, de tendencia izquierdista, reportaron que 83% de los votantes por Trump en 2016 creía que las minorías ejercerían demasiada presión en los recursos gubernamentales. Llamados a pagar por la educación de los niños negros, latinos y asiáticos, lo probable es que los ciudadanos blancos de mayor edad se planten en contra.

También es probable que las minorías sigan dependiendo de las arcas públicas durante algún tiempo. El sociólogo Daniel T. Lichter sugiere que si el perfil demográfico de la pobreza se mantiene igual que en nuestros días, para 2050 más de 70% de los pobres del país será de alguna minoría.

Pero el apoyo a la red de seguridad también se podría revertir. Aunque las minorías suelen estar más a favor del gasto gubernamental que los blancos no hispanos, existe la posibilidad de que esto cambie cuando sus cohortes en edad laboral se den cuenta de que sus impuestos están pagando el Seguro Social y el Medicare de los blancos mayores.

¿Podrán los estadounidenses superar su desconfianza racial para construir algo que se asemeje a una sociedad cohesionada? Para que esto ocurra se necesitará restaurar la empatía en ese lugar del corazón del país que ha sido colonizado por el odio y el miedo.

¿Recuerdan el libro *The Emerging Democratic Majority*? Publicado en 2002, durante el primer periodo de George W. Bush, por Teixeira y el periodista John Judis, su análisis causó revuelo al pronosticar que el cambio demográfico tarde o temprano entregaría el gobierno a los demócratas prácticamente para siempre. Predecía que la base republicana de varones blancos inevitablemente perdería su poder para determinar el control de la Casa Blanca y el Congreso. Negros, hispanos y demás minorías —votantes demócratas por naturaleza— inevitablemente inclinarían la balanza a su favor.

No es imposible que el cambio demográfico transforme al país en una socialdemocracia según el molde de Europa occidental y genere una mayoría demócrata estable. En 2016 Teixeira y Griffin encontraron que los blancos sin título universitario sólo emitieron 42% del voto nacional. Casi 20% menos que en 1992. A ese paso, no es descabellado predecir que una coalición de minorías consiga suficiente influencia electoral para imponer su preferencia por impuestos más altos y un gobierno más grande a una minoría blanca reticente.

Sin embargo, si algo nos enseñaron las últimas elecciones es que traducir el cambio demográfico en poder político de ninguna manera es fácil. Las minorías no han mostrado mayor evidencia de que puedan construir el tipo de coalición interracial estable que se necesitaría para reescribir el contrato social. Más crítico será que cualquier intento de hacer valer la influencia demográfica para, digamos, reforzar la redistribución y construir una red de seguridad más robusta va a ser resistido por los blancos que se sentirán amenazados y la verán como arma ilegítima de expropiación. Los blancos seguirán aferrados al poder político durante muchos años todavía.

Puede ser que China se vuelva menos importante en el debate político estadounidense. La gran globalización de la producción manufacturera que cobró fuerza tras la entrada de China a la Organización Mundial del Comercio a principios de siglo parece haberse estabilizado. China ya no es la fuente de mano de obra ultrabarata que solía ser. También es probable que Estados Unidos haya perdido todos los trabajos industriales que tenía para perder. Las industrias manufactureras que permanecen están muy automatizadas. Quedan menos de 13 millones de empleos industriales en todo el país.

Aun así, es prematuro decir que ya acabó el brote populista. Otras alteraciones económicas esperan en el horizonte. El economista Frank Levy argumenta que incluso si la inteligencia artificial sólo reemplazara una cantidad modesta de empleos —algunos traileros vueltos obsoletos por tráilers autónomos y algunos cajeros reemplazados por registros de pantalla táctil—, de todos modos la automatización impulsaría una reacción populista desproporcionada.

La reconfiguración racial del país aún tiene mucho camino por recorrer. A pesar de tantas referencias al crisol de culturas en los libros de texto, de tantos relatos sobre un país de inmigrantes y una dama en el puerto de Nueva York dando la bienvenida a las masas hambrientas del mundo, Estados Unidos sigue en las garras históricas de sus antipatías raciales. Y han evolucionado. La política racial no trata ya sólo de negros y blancos, ya no está confinada al sur. Pero sigue siendo tan poderosa como siempre. Conforme el país se vuelve más moreno, la desazón de los blancos por su futuro demográfico aumentará el poder de la raza como fuerza política, y profundizará las brechas raciales.

Antes de que la Ley de Derecho al Voto diera oportunidades políticas a los negros en 1965, los blancos del sur eran en gran medida votantes demócratas.

El 11 de junio de 1963 el presidente Kennedy presentó por primera vez la propuesta de ley de derechos civiles en cadena nacional.

Según un estudio de las economistas Ilyana Kuziemko y Ebonya Washington, entre el 6 de abril y el 23 de junio las encuestas Gallup mostraron que el apoyo con que contaba entre los blancos del sur cayó 35 puntos porcentuales. La reorganización partidista racial estaba en marcha. En 1960 los 22 senadores de los 11 estados de la antigua Confederación eran todos demócratas. En 2019, 19 eran republicanos.

Al día de hoy, el ordenamiento racial se ha extendido más allá del sur, abrumando a otras coaliciones para convertirse en el determinante principal de la alianza política. Según encuestas de Pew, en 1992 los votantes blancos que tenían cuando mucho estudios de bachillerato tendían a preferir a los demócratas sobre los republicanos, por sus vínculos con el movimiento obrero. Sin embargo, para 2016 se habían mudado al Partido Republicano por un margen de 26 puntos porcentuales.

Desde mediados de los años setenta, los demócratas han perdido el voto blanco en las elecciones presidenciales. En 2012 los no blancos emitieron alrededor de 45% de los votos del presidente Obama, pero sólo 11% para su rival republicano, Mitt Romney. De los votantes de Romney, sólo 1% eran negros.

La política estadounidense es, ante todo, cuestión de raza. Hoy, el Partido Republicano es el canal de expresión política de la ansiedad blanca por el cambio demográfico. El Partido Demócrata, en tanto, prácticamente ha renunciado a su alianza tradicional con los varones blancos de clase obrera. El ordenamiento racial ha convertido la política en una batalla existencial entre dos fuerzas radicalmente distintas que no ofrecen espacio alguno de negociación.

Los politólogos Michael Barber y Nolan McCarty han documentado la creciente polarización ideológica en el Congreso a partir de los años sesenta. Conforme los demócratas blancos del sur cambiaban de partido, fueron empujando al Partido Republicano cada vez más a la derecha, mientras los negros del sur y los latinos en el oeste y noreste movían a los demócratas hacia posturas liberales. Al ir eligiendo bandos, los votantes adquirieron paquetes ideológicos completos, en vez de elegir entre políticas públicas. Los republicanos conservadores más rabiosamente opuestos a la red de seguridad social también tienden a oponerse con fervor al aborto, el control de armas y el matrimonio homosexual. Por su parte, los demócratas asumieron un paquete que incluye el apoyo al aborto y la energía renovable. Con el tiempo, los republicanos moderados y los demócratas centristas desaparecieron.

"Mientras más se racializa y se vuelve más explícitamente hostil el discurso público sobre cuestiones de bienestar social, inmigración, seguridad nacional y tantos otros temas, se incrementa la probabilidad de que surja un conflicto racial abierto —señalaron Valentino, Neuner y Vandenbroek—. En tanto la actitud negativa hacia los grupos raciales ajenos queda más vinculada con un partido, la polarización aumenta, el Congreso se paraliza y lo que sigue es el estancamiento y la ausencia de acuerdos legislativos."

Barber y McCarty argumentan que la polarización ha bloqueado la respuesta del gobierno a los crecientes riesgos económicos que erosionan el bienestar de la clase trabajadora. La globalización y el cambio tecnológico no sólo afectaron a Estados Unidos. Pero Washington se mostró particularmente incapaz de mitigar su impacto en la clase obrera. Mientras los países ricos de Europa occidental desplegaban políticas para proteger a sus trabajadores y ralentizar el avance de la desigualdad, los gobiernos sucesivos de Estados Unidos dejaron que las fuerzas del mercado hicieran de las suyas. Cuando se asentó el polvo de las elecciones de 2016, los demócratas no solamente habían perdido la presidencia, además, sólo contaban con 16 de las 50 gubernaturas. Al tiempo que los republicanos controlaban ambas cámaras, los demócratas tenían la menor cantidad de escaños desde la década de 1920. Así descubrieron que los blancos sin título universitario estaban muy molestos.

Las nuevas políticas identitarias han puesto de cabeza las viejas nociones de privilegios y opresión con base en la raza. Los blancos ya no se consideran perpetradores de subyugación racial, sino víctimas de una campaña equivocada para corregir afrentas raciales exageradas. Están más que dispuestos a pelear por retraer al país a los tiempos cuando podían hacer valer sus privilegios sin culpas.

Con todos los méritos que puedan tener, los argumentos de Coates y otros a favor de la compensación para reparar siglos de opresión contra los afroamericanos no sólo resultan tóxicos para todos los "perdedores" blancos del cambio demográfico, también atizan aún más a un electorado molesto con sed de pelea.

Es difícil exagerar el desafío político. Un país más cohesionado no sucederá en automático cuando las minorías venzan a los blancos en las urnas. La pregunta es cómo construir un pacto social que incluya la solidaridad interétnica. Para empezar a contestarla, primero debemos mudar la conversación a qué es lo que nos aqueja. Entiendo que el debate sobre la rendición de cuentas —contabilizar crímenes para establecer deudas históricas— es importante, pero no ha ayudado mucho a nadie. Por el contrario, ha socavado la idea de un terreno común para todos. Olvida que la pregunta más importante no es quién le debe qué a quién, sino cómo construir un verdadero bien común interracial.

Como señaló la filósofa política Danielle Allen en su ensayo "Toward a Connected Society", "pedirnos que pensemos cómo deberíamos rectificar los daños pasados distrae nuestra atención de aquello en lo que deberíamos concentrarnos: cómo construir estructuras de oportunidad justas en el presente, en el contexto de una gran diversidad demográfica".

Tal vez suene ridículo argumentar que esto requiere aplacar el miedo de los blancos, pero Estados Unidos no se va a volver un país que atienda a todo mundo sin ellos. En el futuro cercano, las elecciones presidenciales se decidirán en condados como Macomb, enclaves blancos en el Rust Belt donde los obreros manufactureros desplazados viven con ansias de castigar a alguien por sus cuitas. Esos votantes blancos todavía no aceptan el hecho ineludible de que pronto serán la minoría. No están dispuestos a admitir que lo mejor sería que llegaran a ese estatus en un país que les garantice los mismos derechos y oportunidades a todos. Cada vez más se creen parte de la resistencia.

Aunque es posible que en el futuro del país se construya una mayoría demócrata estable con la fuerza de los votantes minoritarios, entre ahora y entonces la política estadounidense quedará consumida por todo lo que los blancos hagan por evitar esa transformación. Eso provocará relaciones interraciales sombrías y una cultura política estancada.

Según Gallup, en 2016 el 14% de los estadounidenses —incluyendo 12% de los blancos y 21% de los negros— opinaba que las relaciones interraciales entre ambos grupos eran "muy malas". Ese porcentaje duplica el registrado en 2001. La desconfianza también está aumentando entre los latinos. La opinión de los hispanos de la relación entre latinos y blancos está en su peor momento desde 2005 y 2006, cuando el gobierno federal y varios estados trataron de aprobar leyes punitivas para perseguir a los inmigrantes indocumentados.

De acuerdo con encuestas del Centro de Investigaciones Pew, dos tercios de los estadounidenses —y tres cuartas partes de los afroamericanos— dicen que el país está desgarrado por los conflictos entre blancos y negros. Son más de los que sienten un choque entre los habitantes rurales y urbanos, entre jóvenes y viejos, e incluso entre ricos y pobres. Ante tal hostilidad, será difícil construir un país moderno que pueda defender a todos los estadounidenses en el contexto de la globalización y el cambio tecnológico.

De hecho, los incentivos políticos sugieren que habrá más polarización. Trump llegó a la presidencia atizando abiertamente los prejuicios raciales de los blancos de clase trabajadora. La varias veces mencionada encuesta de Pew poco antes de las elecciones de 2016 mostró que para 37% de los afroamericanos y 41% de los latinos las relaciones interraciales estaban empeorando. Para diciembre de 2017, todavía en el primer año de la nueva administración, el pesimismo se había extendido a 51% de los negros y 50% de los hispanos. En general, 60% de los estadounidenses creía que Trump estaba agravando la hostilidad en las relaciones interraciales.

El presidente se ha esforzado por exacerbar esas tensiones. Anima a su base con diatribas periódicas contra los inmigrantes que traen el mal a Estados Unidos. Ha ofrecido apoyo sutil a los racistas, como los supremacistas blancos que marcharon por Charlottesville, Virginia, en 2017. Y se ha apropiado de gran parte de su lenguaje, como cuando conminó a cuatro miembros demócratas del Congreso —todas mujeres de color, todas ciudadanas— a "regresar" a su país. Aunque haya hecho campaña con la promesa de restaurar la prosperidad de la antigua clase media de cuello azul, sus políticas se han atenido al estándar manual republicano: recortó impuestos y limitó la asistencia gubernamental. Sus ataques contra la red de seguridad social, con el argumento de que mina la iniciativa a la gente y fomenta la pereza, tomaron fuerza de la misma desconfianza que Friedrich Engels detectó en la brecha que en el Estados Unidos decimonónico dividía a los alemanes de los italianos y de los polacos. Con su llamado a las agencias gubernamentales para que exigieran a todos los beneficiarios de la asistencia gubernamental que consiguieran trabajo, Trump estaba alimentando la creencia de los obreros blancos de que el Tío Sam mete mano a sus bolsillos para dar su dinero a los negros que no lo merecen.

Pero Trump no construyó la división racial del país. La hostilidad étnica es anterior a su campaña racista para obtener la presidencia. Es anterior a la administración de Barack Obama, ese momento efímero en el que pareció que los estadounidenses podrían construir un proyecto de nación inclusivo que rompiera las barreras raciales, pero que terminó aplastado por la guerra partidista más tóxica que ha habido en generaciones. Es anterior a la administración de Bill Clinton —a quien la autora afroamericana Toni Morrison apodó el "primer presidente negro"— que terminó con el derecho de los pobres a recibir ayuda gubernamental al eliminar la asistencia a los desempleados. Las divisiones raciales —cultivo de desconfianza, obstáculo para la construcción de una sociedad igualitaria— son tan viejas como la idea de una nación estadounidense. Una de las preguntas principales a plantear en estos tiempos es si la posmodernidad tecnológica del país puede generar la suficiente reserva de solidaridad para superar un muro construido, reforzado y restaurado durante 250 años.

Un ingreso básico universal, la propuesta preferida de Silicon Valley para un futuro imaginario en el que los robots se hayan apropiado de todos los empleos, salvo de los más creativos, parece mucho pedir para un sistema político empantanado, discutiendo si los pobres merecen ayuda. Incluso la propuesta rival de empleos gubernamentales garantizados que paguen un salario digno a las personas físicamente capaces de trabajar enfrenta una batalla cuesta arriba para persuadir a una ciudadanía fundamentalmente hostil a los impuestos y a la redistribución.

La administración de Trump se ha dedicado, de hecho, a elaborar argumentos contra los programas sociales que aún persisten. En el verano de 2018 el Consejo de Asesores Económicos del presidente emitió un informe basado en algunos supuestos heterodoxos, en el que se concluía que en Estados Unidos prácticamente no había pobreza. Su medición con base en datos de consumo es mucho menos confiable que la estrategia normal basada en ingresos. Sus conclusiones partían de una medida que la mayoría de los académicos actuales considera obsoleta: una definición de pobreza derivada del costo de la canasta de alimentos básica en los años sesenta. Lo más inusual del informe fue su celebración implícita de la ayuda gubernamental, al señalar su importancia crucial para reducir la pobreza. Esto contradice directamente la legendaria afirmación de Ronald Reagan, desde entonces convertida en la ortodoxia republicana: que el gobierno libró una guerra contra la pobreza y la perdió. Su inclusión resulta extraña en un informe que, casi en la siguiente oración, promete reducir la "dependencia" de los pobres de la asistencia gubernamental limitando la asistencia gubernamental casi exclusivamente a gente que tenga empleo.

¿Podríamos aprender algo de Europa? Al escribir sobre la disfunción social de Estados Unidos, a menudo he acudido a las socialdemocracias de Europa occidental como punto de comparación y fuente de inspiración. Pocos países europeos son más ricos que Estados Unidos. Ningún lugar de Europa parece capaz de lograr los avances tecnológicos que salen de Silicon Valley. Pero como antes señalé, la mayoría de los países europeos ha construido un consenso que valora el bienestar social a gran escala. En toda Europa, la salud se considera un derecho humano, y los países europeos han construido un sistema que la garantice. El bienestar infantil es una prioridad valorada, así que han desarrollado una diversidad de programas para apoyar a las familias con hijos. Muchos gobiernos europeos también fomentan el empleo de la gente pobre. Logran hacerlo sin caer en el estigma de la superioridad moral que cargan quienes apoyan la reforma social en Estados Unidos. En vez de eso, brindan capacitación.

Desafortunadamente, en cuanto a construir un nuevo régimen político, Europa tiene poco que ofrecer a Estados Unidos. En todo caso, pareciera que la influencia se está propagando en sentido contrario: el consenso político más incluyente de Europa parece estar bajo asedio por la misma hostilidad racial que dividió a Estados Unidos contra sí mismo. Las socialdemocracias construidas de los escombros de la Segunda Guerra Mundial a mediados del siglo XX —cuando todos los suecos eran altos y rubios, y prácticamente todos los franceses eran católicos o excatólicos— han resultado demasiado frágiles para resistir la creciente antipatía contra esos "otros" que han empezado a llegar en masa desde las excolonias europeas y otras partes del mundo en vías de desarrollo. Los musulmanes en Alemania y los africanos en Italia están encendiendo pasiones étnicas similares a las que han limitado a Estados Unidos desde el principio. Amenazan con debilitar la socialdemocracia europea y transformarla en un proyecto más parecido al estadounidense, dividido por líneas que delimiten dónde termina el "nosotros" y empieza el "ellos".

Los partidos "populistas" de derecha han ganado terreno en toda Europa, alimentados en general por la oposición obrera a la inmigración. El partido Alternativa para Alemania (AfD) obtuvo 13% de los votos en las elecciones alemanas de 2017, mientras que cuatro años antes consiguió poco menos de 5% y no alcanzó el umbral para entrar al Bundestag. En Gran Bretaña, entre 2005 y 2015 la proporción del voto del Partido de la Independencia del Reino Unido aumentó de 2.3 a 13%. El Movimiento Cinco Estrellas, fundado literalmente por un payaso hace apenas 10 años, entró al poder en 2018 con un tercio del voto italiano.

Marine Le Pen, del xenófobo Frente Nacional, obtuvo un tercio de los votos en la segunda vuelta de las elecciones presidenciales francesas. El Partido Popular Suizo también ha registrado victorias electorales, al igual que el Partido de la Libertad de Austria, los Demócratas Suecos, el Partido por la Libertad en Países Bajos y el Partido Popular Danés. Un informe dirigido por el politólogo Yascha Mounk para el Tony Blair Institute for Global Change concluyó que la proporción de votos que estaban obteniendo los partidos populistas en Europa —los que dicen representar "la verdadera voluntad de un pueblo unido contra las élites locales, los migrantes extranjeros o las minorías étnicas, religiosas o sexuales"— aumentó de 8.5% en 2000 a 24.1% en 2017. En ese último año, 14 países europeos tenían políticos populistas en el gobierno, el doble que en 2000. Mientras que en los antiguos países comunistas del bloque soviético ese tipo de partidos tiene más fuerza, su proporción del voto en los países de Europa occidental también aumentó de 4 a 13% en ese periodo.

El cambio está motivado, en primer lugar, por el miedo —casi siempre irracional— a la inmigración. Tres economistas, Alberto Alesina, Stefanie Stantcheva y Armando Miano, se dispusieron a medir la actitud hacia los inmigrantes en países ricos. Tal vez su hallazgo más importante fue que en general la gente no tiene idea de qué tanta inmigración hay en realidad. Los suecos creen que los inmigrantes conforman más de una cuarta parte de la población 10% por encima de la realidad. Los franceses creen que 30% de los habitantes en su país viene del extranjero, el doble de la cantidad real. El mismo patrón aplica en Gran Bretaña, Italia, Alemania y, por supuesto, Estados Unidos.

Las mayores sobrevaloraciones ocurren entre los menos educados, los trabajadores en profesiones poco calificadas con muchos inmigrantes, y los que se ubican en la derecha política. Exageran la proporción de inmigrantes musulmanes y subestiman la de cristianos. Subestiman la educación de los inmigrantes y exageran igualmente su tasa de pobreza y su dependencia de la asistencia social. Casi un cuarto de los encuestados franceses, al igual que casi un quinto de los suecos, creen que el inmigrante promedio obtiene el doble de ayuda gubernamental que los nativos. Eso no es cierto en ningún país.

Esos cálculos exagerados sirven a un propósito psicológico: justifican respuestas drásticas. "La gente que está contra la inmigración genera una sensación de crisis —me dijo el profesor Alesina—. Crean la sensación de que: 'Es un problema enorme; necesitamos un muro'." Los investigadores descubrieron que sólo por preguntar a la gente sobre la inmigración, disminuía su apoyo a la redistribución de ingresos y a la red de seguridad social.

Una fuente importante de apoyo para los partidos de extrema derecha en Europa ha sido el temor a que la inmigración erosione los beneficios del Estado de bienestar —señaló Dani Rodrik en un importante estudio sobre el surgimiento del populismo en el mundo desarrollado—, un miedo que se intensifica en los países que están sufriendo austeridad y recesión.

La realineación política de Europa no está garantizada, pero se está cerrando la brecha política entre el viejo continente y los Estados Unidos, conformada por la hostilidad del grupo propio contra el "otro" étnico y cultural. En Gran Bretaña, el país europeo que más cercanamente comparte el escepticismo estadounidense sobre la asistencia gubernamental, la campaña pro Brexit explotó el temor a que los inmigrantes de países más pobres de la Unión Europea se aprovecharan de sus programas de asistencia social. Incluso los países escandinavos, relativamente generosos, crecientemente exigen a los inmigrantes aprender el idioma local como condición para acceder a su red de seguridad.

Dinamarca exige que los "hijos del gueto" —aquellos nacidos en alguno de los 25 barrios de inmigrantes de bajos ingresos, casi todos musulmanes— pasen por lo menos 25 horas a la semana separados de sus familias aprendiendo a ser daneses, lo que incluye aprender a apreciar la Navidad y la Pascua. Quienes se nieguen, pierden sus beneficios del gobierno. En Alemania, el AfD está proponiendo una agenda política "nacional social". "La cuestión social alemana del siglo XXI", dice su líder, Björn Höcke, no es si la riqueza se distribuye de los ricos a los pobres o de los viejos a los jóvenes, sino si se distribuye desde dentro hacia afuera de Alemania. Su propuesta, que también se la están apropiando los políticos de izquierda, es que la redistribución es buena, pero sólo entre alemanes.

Ese tipo de declaraciones traen a la memoria ciertos recuerdos espeluznantes. Aunque la nueva identidad política de Europa no haya aún asumido el populismo asesino y racista que moldeó su siglo XX, sí sugiere que su experimento de construir una "socialdemocracia" —una sociedad construida bajo la premisa de que la salud, la educación y el bienestar son derechos humanos que los países ricos pueden pagar— está en riesgo. Porque la inmigración sólo va a aumentar.

Al día de hoy, Europa tiene menos inmigrantes pobres de culturas distantes que Estados Unidos. Más de la mitad de los inmigrantes de edad laboral en países de la Unión Europea son otros europeos. Sólo 63% proviene de países de bajos ingresos, como los define la OCDE. En Estados Unidos, la cifra comparable es de 78 por ciento.

Eso va a cambiar. Como argumentaron en un estudio reciente los economistas Gordon Hanson y Craig McIntosh, es muy probable que la migración hacia el norte por el Mar Mediterráneo se dispare en las siguientes décadas. Los países africanos, pobres e inestables con grandes poblaciones jóvenes, mandarán migrantes a ocupar muchos de los empleos que la población europea envejecida ya no podrá ejercer. Predicen que la presencia de inmigrantes en España, el Reino Unido e Italia se triplicará para 2040. La política europea no se lo tomará con calma.

El creciente impacto político de las divisiones étnicas plantea algunas preguntas críticas sobre el orden mundial emergente. Coincido con la creencia de Dani Rodrik en el valor de las redes de seguridad social para brindar protección contra la turbulencia económica. Las sociedades que ofrecen una seguridad social sólida —atención médica universal, pensiones adecuadas, beneficios de desempleo generosos, educación y capacitación de calidad— estarán mejor habilitadas para lidiar con las inevitables dislocaciones causadas por el progreso tecnológico y la globalización de las cadenas de producción. Estoy convencido de que los países que protejan a su gente de las desventajas del cambio estarán en mejores condiciones para acogerlo.

No obstante, hay pruebas de que una red de seguridad social funcional no ha sido un antídoto suficiente contra una revuelta populista. De hecho, un gasto público generoso puede reforzar el argumento para cerrar las puertas contra los extraños para proteger a los propios. Una de las razones por las que Estados Unidos ha sido más relajado que Europa en cuanto a admitir inmigrantes poco calificados es que no tiene mucho Estado de bienestar del que puedan "abusar". Por el contrario, la generosa red de seguridad social europea ha dado argumentos a la derecha para su insurrección xenófoba.

No todos estarán de acuerdo en que la inmigración inevitablemente colocará las políticas europeas en la vía estadounidense. Como señala Rodrik, es probable que los impulsos nativistas que subyacen a la conmoción populista en marcha hayan sido provocados, hasta cierto punto, por la gran recesión. Una recuperación económica lenta y llena de escollos en la mayor parte de los países industrializados de Occidente desencadenó en los votantes de clase trabajadora ansiedades que los partidos de derecha canalizaron hacia una plataforma nacionalista, xenófoba. En otras palabras, la ola populista equivale a fabricarse un chivo expiatorio masivo. Lo que parece una reacción racista o xenófoba, tal vez se haya originado en ansiedades y dislocaciones económicas.

Esa lectura podría ofrecer esperanza en que, conforme sus economías vuelvan a crecer, Europa occidental podría regresar a su postura usual en el espectro de la gobernanza global: un ejemplo del tipo de sociedad que podríamos construir si tan sólo decidimos que los índices excepcionalmente altos de mortandad materna e infantil, la desigualdad rampante, la pobreza profunda y el encarcelamiento como herramienta de ingeniería social no son buenas características a tener. Pero no estoy convencido. Los choques económicos podrían motivar algo de la retórica nacionalista de tierra y sangre en un continente que conoce bien esas consignas. Aun así, sería tonto ignorar los golpes provenientes de otros cambios sociales, culturales y demográficos: la igualdad de géneros, las normas cambiantes de identidad sexual, la creciente conciencia ambiental, la inmigración.

Nuevas investigaciones en ciencias políticas han hallado evidencia persuasiva de que el brote populista en las sociedades occidentales podría tener menos que ver con tensiones económicas que con el tipo de competencia cultural que sucede cuando nuevas poblaciones —minorías étnicas, inmigrantes, mujeres, transexuales— desafían la hegemonía del grupo dominante tradicional. Los votantes blancos de Donald Trump están menos motivados por el déficit comercial que por la creciente impronta de negros, latinos y asiáticos que amenazan con apropiarse de su territorio. No sólo quieren recuperar los trabajos manufactureros de los años cincuenta. Quieren el paquete cincuentero completo, en el que las mujeres eran mujeres, los hombres eran hombres, los homosexuales estaban proscritos y las minorías, en el mejor de los casos, eran una molestia menor.

Hay brechas similares a ambos lados del Atlántico. "Los ciudadanos mayores y menos educados, en particular los varones blancos, que solían ser la cultura mayoritaria privilegiada en las sociedades occidentales, resienten que les digan que los valores tradicionales son "políticamente incorrectos" y han llegado a sentir que están siendo marginados en su propio país", señalaron los politólogos Ronald Inglehart y Pippa Norris. "Conforme las culturas han cambiado, parece que ha ocurrido un punto de inflexión."

La transición no presagia nada bueno para la supervivencia de un Estado de bienestar basado en una noción compartida de destino nacional. Llamados a elegir entre una red de seguridad más robusta —una póliza de seguridad contra los riesgos que conlleva la apertura económica— y la protección contra la apertura étnica y cultural, incluyendo muros contra inmigrantes, la exclusión de los "otros" de la asistencia social y reglas que prohíban las prácticas y normas culturales extranjeras, los votantes están prefiriendo lo segundo. En un contexto de implacable cambio demográfico en el que la presión migratoria no deja de crecer, esa elección es un mal presagio para la democracia liberal en su conjunto.

7

El futuro

En 30 minutos en auto hacia el este desde Filadelfia, cruzando el río Delaware, se llega al sitio de uno de los experimentos más prometedores de integración racial y socioeconómica en la historia reciente del país: los Hogares Ethel Lawrence.

En el elegante municipio suburbano de Mount Laurel, Nueva Jersey, entre jardines de césped bien cuidado, y mansiones de millones de dólares, 140 atractivas casas unifamiliares se destacan por las familias que las habitan: no son blancas ni ricas. Algunas ganan apenas 9 mil dólares al año, menos de la mitad del umbral de pobreza para una familia de tres. Nueve de cada 10 son negras o latinas. Ahí pueden rentar una casa de una habitación por tan sólo 247 dólares al mes. Una lucha épica de más de 30 años costó llevarlos ahí.

La historia se cuenta a detalle en el maravilloso *Climbing Mount Laurel*, del sociólogo Douglas Massey entre otros coautores. Empieza a finales de los años sesenta, cuando un grupo de residentes, negros preocupados por la frenética gentrificación de su ciudad, solicitó al consejo local que relajara las normas de uso de suelo que prohibían unidades multifamiliares y casas adosadas para que pudieran construir 36 departamentos con jardín y precio accesible en el centro de la ciudad. En octubre de 1970, en una reunión abarrotada en la Capilla Jacob de la Iglesia Episcopal Metodista Africana, el alcalde Bill Haines anunció la respuesta del consejo: No.

Ethel Lawrence, una maestra que también pertenecía a la rama local de la NAACP, se contaba entre los líderes comunitarios que pidieron el cambio. Siete generaciones de su familia habían vivido en

Mount Laurel. Allí residía con la suya de 12 miembros, en una casa en ruinas de cuatro habitaciones. En lugar de seguir el consejo del alcalde de irse de la ciudad, se convirtió en la principal demandante en una acción legal que acusaba a las autoridades de la ciudad de privarla a ella y a sus codemandantes del derecho a vivir en su ciudad, "tan sólo por su estatus económico y, de hecho, por su raza".

Entre 1950 y 1970 la población de Mount Laurel se cuadruplicó: 13 mil viviendas se habían construido o planeado tan sólo en la última década, pero ninguna para familias de ingresos bajos o moderados. En las dos décadas transcurridas desde 1950, el número de habitantes no blancos de la ciudad se había reducido de 10 a 2% de la población, muchos se habían visto obligados a mudarse a la cercana Camden, un enclave negro empobrecido que además estaba en declive debido a la reubicación de los negocios locales a lugares como Mount Laurel.

En los hechos, los demandantes acusaban a la ciudad de estar trabajando para "mantener y propiciar el avance de patrones de segregación económica y racial en la disponibilidad de vivienda, educación y empleo".

Lawrence y sus codemandantes ganaron; dos veces. En la primera, en 1975, la Suprema Corte de Nueva Jersey informó a Mount Laurel que tenía la obligación de ayudar a sus habitantes de bajos ingresos a conseguir vivienda. En 1983, ante la orden mayormente incumplida, la Corte amplió la regla: todas las ciudades de Nueva Jersey tendrían que brindar una "proporción justa" de viviendas asequibles. Además, el tribunal añadió un mecanismo de ejecución: las empresas inmobiliarias podían demandar a los municipios para que cambiaran el uso de suelo siempre y cuando reservaran la quinta parte de sus proyectos para hogares de ingresos moderados y bajos.

La batalla no había terminado. Las autoridades locales lucharon con uñas y dientes contra lo que veían como llegada de la disfunción del centro de la ciudad al umbral de su puerta. Cuando el primer apartamento Ethel Lawrence se ocupó, a finales del 2000, ella ya había muerto, pero su victoria probablemente representa uno de los parteaguas más importantes en el esfuerzo por construir un país unificado.

Miles de familias minoritarias de bajos ingresos se han beneficiado de su esfuerzo, al ganar la oportunidad de mudarse a barrios fuera de los guetos reservados exclusivamente para los no blancos y los pobres. Lo que se llegó a conocer como la "doctrina Mount Laurel" ha llevado a la creación de 40 mil unidades de vivienda asequible en Nueva Jersey. Otros estados y municipios han asumido el concepto de "proporción justa" para guiar sus políticas de vivienda.

La victoria de Mount Laurel brinda una esperanza que trasciende la cuestión de la vivienda. La intervención sin precedentes del estado de Nueva Jersey para forzar la integración de sus comunidades a través de fronteras raciales y de ingreso ofrece al país un vistazo al tipo de políticas que podrían contribuir a una mayor cohesión del tejido social del país.

Estados Unidos en nada se parece a un crisol de culturas, aunque la nación se conforme con personas de todo el mundo. Sin que importe cómo te veas o en qué crees, si eres irlandés de cepa, judío, descendiente de esclavos, hijo de inmigrantes chinos o mexicano que acaba de cruzar la frontera, vives en un país en el que la mayoría de las personas son distintas a ti. Estados Unidos es único en el mundo en cuanto a heterogeneidad de procedencias, culturas y experiencias ancestrales.

Tomemos por ejemplo el *college* comunitario de Queensborough, en el cruce de la autopista de Long Island con el Cross Island Parkway, que lleva a los ricos de Manhattan a sus casas de verano en Los Hamptons. De sus estudiantes, alrededor de 15% son blancos no hispanos. Negros, hispanos y asiáticos conforman, cada uno, poco menos de 30%; en total provienen de unos 130 países y hablan unos 79 idiomas distintos.

El desempeño académico de esta escuela no es despreciable comparado con el estándar de los *colleges* comunitarios: aproximadamente la cuarta parte de sus estudiantes obtiene en tres años un título de asociado, más que el promedio nacional. Lo sorprendente de ese lugar es que exista. Su multitud multiétnica representa fielmente a la comunidad que la aloja: Queens, el condado más diverso del país. El zumbido multilingüe que flota por el campus ofrece una muestra de cómo personas de todo el mapa —de distintas etnias y religiones, lenguas y prácticas culturales— pueden integrarse en algo que podemos llamar una institución estadounidense.

A luz de su diversidad, es particularmente desalentador que los estadounidenses hayan construido tantas normas e instituciones para privilegiar a un subconjunto entre la miscelánea de sus opciones y excluir a las demás: restricciones para reducir la participación del electorado negro y latino; regulaciones de elegibilidad para borrarlos de las listas de la asistencia social; leyes de uso de suelo para mantenerlos fuera de la ciudad.

Pero importa recordar que Estados Unidos probablemente ha logrado incorporar a más gente distinta en su seno que cualquier otro país rico. La ardua victoria de los negros y puertorriqueños pobres de Mount Laurel es un ejemplo de cómo el país se podría autocorregir. Conforme la identidad étnica de la población estadounidense se continúe mezclando, las barreras diseñadas en un tiempo cuando regían definiciones raciales más precisas bien podrían desmoronarse. Tal vez el país tenga incluso la oportunidad de forjar un verdadero crisol de culturas.

Más inmigrantes que nativos creen en el sueño americano. Un informe de las Academias Nacionales de Ciencias, Ingeniería y Medicina reporta que siete de cada 10 piensan que a sus hijos les irá mejor que a ellos, comparado con sólo la mitad de los oriundos que lo creen así. Los inmigrantes en Estados Unidos podrán ser más pobres que los que viven en Europa, y sus salarios tal vez sean más bajos, pero son muchos más los que tienen un trabajo. De hecho, la tasa de empleo de inmigrantes es más alta que la de los nacidos aquí.

Eso es a pesar de que Estados Unidos ha absorbido más inmigrantes de países lejanos que la mayoría de los demás del mundo desarrollado. De la población alemana, 15.5% nació en el extranjero, pero más de 70% de los foráneos proviene de otros países europeos. En Hungría, donde el primer ministro Viktor Orbán llegó al poder gracias a su sólida plataforma antiinmigrante, los inmigrantes de fuera de Europa conforman un porcentaje nimio de la población. Incluso en Suecia, el país más abierto de Europa, donde los inmigrantes son 18% de la población, un tercio de los extranjeros nació en países europeos ricos miembros de la OCDE. Menos de 10% de sus habitantes nació fuera de Europa.

En contraste, casi 14% de las personas que viven en Estados Unidos nació fuera de sus fronteras. La vasta mayoría proviene de países como México y China, donde a nadie le gusta el pay de manzana.

Quizá sus valores seculares hagan de Europa un sitio más difícil para los inmigrantes muy religiosos. Los Estados nación europeos, más homogéneos en etnia y cultura, también carecen de la profundidad de la experiencia que Estados Unidos tiene para absorber a gente de todo el mundo. Como me lo planteó la socióloga Nancy Foner, "Estados Unidos lo hace mejor en cuanto a aceptar a los inmigrantes como personas en proceso de ser estadounidenses".

La esperanza de solidaridad podría depositarse en ese hecho singular. Conforme el país atrae a más personas de distintos colores y creencias, el desarrollo de nuevos puntos de contacto entre personas diversas podría mitigar la hostilidad racial que le ha impedido convertirse en una nación que brinde las mismas oportunidades a todos. Los nuevos colores en el mapa de la heterogeneidad estadounidense incluso podrían ayudar al país a cerrar su brecha étnica más difícil de abordar: la que existe entre negros y blancos.

Pensemos en la "hipótesis del contacto" que en los años cincuenta propuso el psicólogo Gordon Allport: el contacto creciente entre blancos y minorías podría promover la familiaridad y la confianza entre ellos. Mezclémosla con la más reciente "hipótesis de amortiguación", la idea de que las poblaciones crecientes de hispanos y asiáticos podrían servir de amortiguador entre blancos y negros, para reducir la prominencia de esa crítica división racial. Consideremos también que los crecientes matices que se añaden constantemente a la paleta étnica del país desafían, en sí mismos, la noción de "cultura dominante".

Como lo planteó el sociólogo Richard Alba, la blancura en Estados Unidos ha sido un concepto maleable. Recién llegados, los inmigrantes irlandeses, italianos y de Europa del este fueron las minorías excluidas de su tiempo, que se fueron integrando a la población mayoritaria conforme progresaban en la escala socioeconómica.

Hace apenas 50 años la Suprema Corte derogó las leyes que prohibían matrimonios interraciales. Según un estudio del Centro de Investigaciones Pew, para 2015 el 17% de los recién casados eran parejas de distintas razas o etnias, uno de 10 bebés en familias biparentales tenía padres de raza distinta y 6.9% de los estadounidenses tenían ascendencia mixta. Más de una cuarta parte de los latinos y asiáticos se casan fuera de su grupo étnico o racial, igual que casi uno de cada cinco afroamericanos y más de uno de cada 10 blancos no hispanos. La Oficina del Censo proyecta que, de continuar las tendencias actuales, la población multirracial se habrá triplicado para 2060.

William Frey argumenta en *Diversity Explosion* que incluso la barrera racial en los matrimonios entre blancos y negros se está atenuando. En 1980 había un matrimonio interracial blanco-negro por cada 30 de parejas afroamericanas, para 2015 la proporción era uno por cada siete.

El significado mismo de raza está cambiando. Muchos chicos clasificados como minorías por tener un padre o madre de color se consideran a si mismos como parte del Estados Unidos blanco. Viven prácticamente igual que los hijos de familias blancas, en barrios integrados fuera de los enclaves étnicos. Alba señala que las familias con madre hispana y padre blanco no hispano tienen casi los mismos ingresos que las familias uniformemente blancas.

El anuncio de la Oficina del Censo en 2015 de que los bebés no blancos superaban en número a los blancos se basó en la regla de "una gota", la forma de comprender la raza que se convirtió en la ley Jim Crow en los estados del sur, por la cual una gota de sangre minoritaria vuelve minoritario a un bebé.

Hoy día, esa definición ya no corresponde a la realidad social en la que nacen esos niños. De acuerdo con Alba, "en una sociedad en la que históricamente el origen étnico y racial ha confinado a los estadounidenses a distintos estratos sociales, la cultura dominante se ha asociado durante mucho tiempo con los espacios sociales y las prácticas culturales de los blancos", y argumenta que "eso está cambiando conforme se expanden los límites de la cultura dominante".

Sería razonable esperar que las barreras raciales y étnicas que por tanto tiempo han impedido la solidaridad estadounidense se suavicen conforme se desdibujan las identidades raciales. Es notorio que los adultos multirraciales son más propensos a apoyar la red de seguridad social que los blancos. Una encuesta del Centro de Investigaciones Pew muestra que para 54% la ayuda gubernamental a los pobres "hace más bien que mal, porque la gente no puede salir de la pobreza hasta satisfacer sus necesidades básicas". Esto es 10% más que entre el público general.

El mismo estudio revela que casi tres de cada cuatro *baby boomers* nacidos entre el final de la Segunda Guerra Mundial y principios de los años sesenta eran blancos no hispanos, en tanto que entre los *millennials* nacidos entre 1981 y 1996 la proporción cayó a 55%. Conforme las cohortes de gente mayor se pierdan en la historia, las reemplazarán estadounidenses más jóvenes, étnicamente más diversos, que además crecieron en la cultura más igualitaria surgida del movimiento por los derechos civiles en los años sesenta. Son los que en sus años formativos vivieron la elección de un presidente afroamericano. Los que tienen una tasa más alta de casamientos con personas de otras razas.

Aún más importante, la mayoría vive relaciones más estrechas con vecinos y amigos de otros grupos raciales y étnicos que las generaciones previas. Como Paul Taylor apuntó en su libro *The Next America*, los *millennials* están "cómodos con la diversidad racial, étnica y sexual". Esa proximidad a través de divisiones étnicas y culturales podría ayudar a construir el vínculo común que por tanto tiempo ha faltado en la experiencia del país. Replicar la experiencia de Mount Laurel por todo el paisaje estadounidense tal vez ofrecería un antídoto al veneno racial americano.

Psicólogos de Harvard han detectado una disminución durante la última década de los prejuicios raciales explícitos e implícitos, como la asociación de sentimientos negativos a la representación de otras razas que la gente suele ocultar para no parecer racista. El

189

ascenso a la presidencia de Donald Trump, apoyado por votantes blancos de mayor edad atraídos por su hostilidad abierta contra las personas de color, parece estar empujando al resto de los estadounidenses en la dirección opuesta. En 2018 el 52% de los entrevistados en la Encuesta Social General opinaba que el gobierno gasta demasiado poco para mejorar las condiciones de los negros, más del 30% que así pensaba en 2014. Entre los blancos, la proporción creció de 24 al 45 por ciento.

El aumento fue particularmente pronunciado entre los jóvenes. En 2018 el 57% de la gente entre 18 y 49 años creía que Estados Unidos no está gastando lo suficiente para mejorar las condiciones de vida de los afroamericanos, en contraste con 44% de los mayores de 50.

Esto podría transformar profundamente la política estadounidense, y reformularla según el modelo que Teixeira y Judis pronosticaron hace tantos años. En su libro de 2019, *R.I.P. G.O.P.*, el encuestador demócrata Stanley Greenberg predijo que la elección presidencial de 2020 "destruirá al Partido Republicano, consumido por una batalla mal concebida para impedir que gobierne el Nuevo Estados Unidos". Que los republicanos hayan acogido como propia la resistencia de los blancos contra un país multiétnico condenaría al partido al páramo político durante muchos años.

Hace medio siglo, Estados Unidos demostró su capacidad de cambiar de rumbo, así fuera sólo para evitar un desastre. El país estaba en llamas, abrasado por la ira racial. De acuerdo con la Comisión Kerner, durante los primeros nueve meses de 1967 la policía tuvo 164 incidentes de confrontación con afroamericanos en las calles en las ciudades de todo el país. Ocho fueron "considerables".

En el lapso de dos semanas en julio de ese año se desencadenaron motines en Newark, donde camiones de la Guardia Nacional y policías estatales asediaron los multifamiliares Hayes con el dudoso argumento de haber escuchado tiros de un francotirador. Brotaron también en Detroit después de una redada policiaca en el Blind Pig, un bar sin licencia que de madrugada atendía a su clientela negra. Diez mil personas se amotinaron y contra ellas el gobierno desplegó a 7 mil miembros de la Guardia Nacional y tropas militares. Ardieron manzanas enteras. Al final, 43 personas yacían muertas. Hubo 7 mil 200 arrestos, la mayoría de negros.

Y, de alguna manera, de las cenizas de Detroit, el país cambió de rumbo. Edward Glaeser, de Harvard, y Jacob Vigdor, de la Universidad de Washington, rastrearon los datos sobre distribución residencial desde el fin del siglo XIX hasta la primera década del XXI y encontraron que la segregación se intensificó durante las primeras seis décadas del siglo XX. La migración masiva de negros desde el sur fue recibida con gran hostilidad por los blancos de los enclaves industriales del noreste y del Medio Oeste, que lucharon por mantenerlos fuera de sus vecindarios. En los años cincuenta el típico afroamericano urbano vivía en un barrio donde la proporción de negros superaba el promedio general de la ciudad por aproximadamente 60 por ciento.

Pero en algún momento de los años setenta los homogéneos barrios urbanos empezaron gradualmente a diversificarse. En 1980 un blanco promedio vivía en un barrio con 88% de población blanca, en 2010 la proporción de blancos en su barrio bajó a 75 por ciento.

En 1960 la Oficina del Censo dividió las zonas metropolitanas del país en 22 688 secciones de censo, o barrios. Más de uno de cada cinco no tenía residentes negros. En el medio siglo transcurrido desde entonces las secciones se triplicaron a 72 531. El número de secciones sin negros disminuyó a 424.

Sin duda, los cambios demográficos tuvieron un papel importante en esta historia, notoriamente el crecimiento de las comunidades hispanas y asiáticas en muchas ciudades. Pero al igual que el largo periodo de segregación que lo antecedió, este medio siglo de desegregación fue impulsado, sobre todo, por cambios en las leyes y políticas del gobierno.

En *The Color of Law*, un recuento exhaustivo de la segregación residencial en Estados Unidos, Richard Rothstein señala que en el siglo XIX los barrios residenciales estaban bastante integrados por raza. Pero al mudarse los negros al norte, las ciudades usaron la ley para mantenerlos fuera.

Cuando en 1910 un prominente abogado negro se mudó a una manzana de blancos en Baltimore, la ciudad promulgó una regla que prohibía a los negros comprar casas en zonas mayoritariamente blancas, y viceversa. Decretos similares se aprobaron en Atlanta, Birmingham, Miami, Charleston, Dallas, Louisville, Nueva Orleans, Oklahoma City, Richmond, St. Louis y por todo el país.

En 1917 la Suprema Corte declaró inconstitucional esa descarada zonificación, así que los municipios decidieron reglamentar el uso de suelo por nivel económico. Al igual que en Mount Laurel, las autoridades locales exigían que los barrios sólo permitieran viviendas unifamiliares o áreas mínimas para terrenos y viviendas. El efecto fue el mismo: mantener fuera a los afroamericanos pobres.

La segregación racial abierta no desapareció. En 1926 la Suprema Corte juzgó legales las cláusulas en contratos inmobiliarios que exigían que propietarios blancos sólo pudieran vender sus casas a otros blancos, bajo el argumento de que eran contratos privados y no regulaciones gubernamentales. Algunas ciudades permitían que los negros trabajaran dentro de sus límites, pero debían retirarse antes del anochecer.

El gobierno federal fue una fuerza de segregación desde el inicio. Las viviendas públicas exclusivas para blancos existían por lo menos desde que Frederick Law Olmsted diseñara desarrollos exclusivos para blancos que trabajaban en plantas militares durante la Primera Guerra Mundial. La Ley de Vivienda de 1949 que impulsara el presidente Truman para apoyar la vivienda pública para militares que volvían de la Segunda Guerra Mundial sólo se pudo aprobar cuando los demócratas derrotaron la enmienda que prohibía la segregación y la discriminación racial en la vivienda pública. Los republicanos la habían introducido como una píldora tóxica, sabiendo que ningún demócrata sureño votaría por un proyecto de ley con esas disposiciones.

Junto con sus muchos otros actos de injusticia contra los afroamericanos, el New Deal prestó el empujón más poderoso para configurar un país segregado geográficamente por razas.

La Administración Federal de Vivienda (FHA) surgió en 1934 para promover la propiedad de hogares, garantizando hipotecas para estadounidenses de ingresos medios. Convirtió a Estados Unidos en un país de propietarios, y salpicó los suburbios de desarrollos nuevos. Desde el principio, la oportunidad se limitó a los blancos. Terminó acomodándolos en el paisaje suburbano, en tanto las minorías de ingresos bajos se hacinaban en viviendas públicas de los centros urbanos.

Un manual de la FHA sugería a las empresas inmobiliarias que las mejores apuestas financieras, las que más probablemente les permitirían obtener un seguro, estaban en lugares donde autopistas y otros límites naturales pudieran cercar a las comunidades y mantener fuera "a los ocupantes de clase inferior y los grupos raciales discordantes". El manual señalaba que donde "se impone que los niños asistan a una escuela en la que la mayoría o un número considerable de alumnos representan un nivel social muy inferior o un elemento racial incompatible, el barrio en consideración será mucho menos estable y deseable".

En 1940 la FHA negó el seguro a un desarrollo blanco cercano a una comunidad negra hasta que la constructora acordó erigir un muro de concreto de 500 metros a lo largo entre los dos. En todo el país, la agencia se negó absolutamente a asegurar hipotecas a desarrollos integrados para ser habitados por blancos y negros.

Consideremos el pueblo de Milpitas, cerca de San José, en lo que ahora es Silicon Valley, en California. En 1953, cuando la compañía Ford decidió cerrar su planta en Richmond, unos 80 kilómetros al norte, y reubicarla en una vasta extensión que tenía en la zona, unos mil 400 trabajadores, incluyendo 250 negros, necesitaban un lugar para vivir.

Rothstein describe la pesadilla que implicó conseguir financiamiento para un desarrollo que albergara afroamericanos, dada la reticencia de la FHA para apoyar proyectos integrados. Incluso cuando el financiamiento estaba asegurado, las autoridades locales pusieron todos los obstáculos posibles. Milpitas, que solo se incorporó como municipio cuando sus residentes se enteraron de los planes de la

Ford, aprobó de inmediato una norma municipal que prohibía edificios de departamentos y sólo permitía casas unifamiliares.

Cuando la inmobiliaria intentó comprar un lote en un sector no incorporado del condado de Santa Clara, la junta de supervisores del condado le cambió el uso de suelo a "industrial". Cuando encontró otro lote en Mountain View, el pueblo aumentó el tamaño mínimo de los lotes de 500 a 750 metros cuadrados. Cuando hallaron un tercer terreno, la empresa inmobiliaria que desarrollaba Sunnyhills, un proyecto adyacente sólo para blancos, convenció al distrito sanitario de Milpitas de aumentar la cuota de conexión al alcantarillado para el nuevo proyecto, y luego lo demandó directamente para impedir que usara una fosa de drenaje.

Para cuando finalmente se construyó el proyecto residencial integrado, la planta de Ford ya llevaba abierta un año. Pocos negros llegaron a mudarse. Los obreros afroamericanos prefirieron compartir coche para el viaje redondo de 160 kilómetros desde Richmond.

Las fuerzas económicas y demográficas, junto con cambios en la política federal de vivienda y las leyes que prohibieron casi cualquier forma de segregación abierta, han mezclado a las razas en el paisaje residencial, en un proceso muy arduo y gradual.

En 1948 la Suprema Corte falló en contra del uso de recursos públicos en la aplicación de cláusulas racistas en las escrituras de propiedad, como se solía hacer para prohibir a los propietarios vender o rentar a personas afroamericanas. La ciudad de Nueva York oficialmente prohibió la discriminación de vivienda, mediante el decreto de prácticas de vivienda justa de 1957, y el país lo siguió con la Ley de Vivienda Justa de 1968.

En los años setenta se puso fin al financiamiento federal para los grandes proyectos públicos de vivienda segregada que habían surgido a lo largo de las zonas urbanas. Lo reemplazaron los vales federales para subsidiar las rentas de las personas de bajos ingresos. Además, demolieron multifamiliares gravosos, como el de Pruitt-Igoe en St. Louis y las torres Cabrini-Green en Chicago.

A algunos afroamericanos de bajos ingresos que vivían empaquetados en proyectos segregados, los vales les permitieron mudarse a áreas más diversificadas. Con mayor facilidad de acceso a hipótecas con garantía federal, más de ellos se podían permitir mudarse a suburbios que habían sido exclusivamente blancos.

También sucedió que la gran migración de afroamericanos al norte se revirtió. Muchos negros dejaron atrás los guetos del noreste y Medio Oeste para dirigirse a ciudades menos segregadas en el Cinturón del Sol,[1] región que también estaba recibiendo a grandes cantidades de latinos y asiáticos. Para 2010, 20 de las zonas metropolitanas más diversas del país estaban en el sur y en el suroeste.

Acerca de los mercados de vivienda, Glaeser y Vigdor reportaron que de los 658 monitoreados por la Oficina del Censo, en todos menos uno la segregación era más baja en 2010 que en 1970. De hecho, para 2010 ya prácticamente no había vecindarios exclusivamente blancos en el país. Los afroamericanos vivían en 199 de cada 200 barrios. Como sugiere la "hipótesis del amortiguador", es posible que en alguna medida los recién llegados asiáticos y latinos hayan erosionado la segregación entre blancos y negros, contribuyendo de alguna manera a cerrar la brecha racial más polémica del país.

Un estudio del Centro Conjunto de Estudios de Vivienda de Harvard sugiere que la integración ha seguido aumentando en los últimos años. En 2017 había 21 104 barrios "compartidos" en las ciudades de Estados Unidos, donde al menos una quinta parte de sus residentes eran blancos y otra parte igual pertenecía a alguna comunidad de color. Esto es, 400 más que a principios de siglo. Tres de cada 10 estadounidenses viven ahí; en 2000 era el 20 por ciento.

Una evaluación de Lichter y los sociólogos Domenico Parisi y Michael C. Taquino concluyó que "si la integración racial residencial es un objetivo de política pública, estos resultados nos dan opti-

---

[1] En inglés, Sun Belt. Refiere a una parte del sur de Estados Unidos que abarca a los estados de Alabama, Arizona, Florida, Georgia, Luisiana, Misisipi, Nuevo México, Carolina de Sur, Texas, cerca de dos tercios de California (hasta Sacramento), y partes de Carolina del Norte, Nevada y Utah. [N. del T.]

mismo sobre el futuro, sobre todo conforme Estados Unidos se vaya convirtiendo en un país de minorías mayoritarias para 2043".

Para convertirse en un solo país, los estadounidenses deben aprender a vivir juntos. La tarea es realmente más compleja que saber cómo construir sentimientos de armonía vecinal. Como señala Lichter, "las oportunidades y preferencias de contacto y afiliación interracial dependerán de las perspectivas de movilidad socioeconómica ascendente de los niños minoritarios de hoy".

La convergencia económica fue crucial para la integración de las cohortes "minoritarias" de antaño. Para que los nuevos inmigrantes llegados del este y el sur de Europa se integraran al ámbito blanco dominante del país era necesario que ascendieran en la escala socioeconómica. En los 25 años posteriores a la Segunda Guerra Mundial, los italianos se volvieron blancos cuando se emparejaron en cuestión de logros educativos y socioeconómicos.

La creciente desigualdad de ingresos es un desafío formidable para la integración. Como señala Lichter, si nada cambia en la distribución de la prosperidad, para 2050, debido tan sólo al cambio demográfico, 70% de los pobres en Estados Unidos pertenecerá a alguna minoría étnica. Es un muro formidable que escalar.

Aun así, la integración residencial podría contribuir en mucho a cerrar la brecha de ingresos. Consideremos el caso de Mount Laurel. Massey y sus colegas observaron que en los Hogares Ethel Lawrence la vida de los afroamericanos de bajos recursos se vio afectada por vivirla entre la clase blanca acomodada de club campestre. Al comparar la suerte de los pocos que consiguieron casa con los que no, descubrieron que años después los residentes del barrio tenían ingresos sustancialmente más altos, y más de ellos tenían empleo. Sus hijos estudiaban más y lograban mejores calificaciones. Y a pesar de todo el temor de que los nuevos vecinos andrajosos deprimirían el valor de la propiedad en Mount Laurel, Massey y colegas descubrieron que esto no fue el caso, ni siquiera en los barrios más cercanos al desarrollo de vivienda asequible.

La segregación no sólo estanca el progreso de las minorías. Un estudio reciente del Instituto Urbano de Washington descubrió que tanto negros como blancos en los barrios menos segregados tienen mayor probabilidad de terminar la universidad. Si Chicago pudiera reducir su segregación tan extrema, y bajarla al nivel típico de las 100 zonas metropolitanas más grandes del país, 65 mil blancos adultos y 18 mil negros más contarían con un título de educación superior. Además, sus proyecciones sugieren que en tal universo paralelo, en 2016 en la ciudad habría habido 533 homicidios, en vez de 762.

Es creciente la evidencia de que reducir la segregación residencial es indispensable si se quiere lograr cierto grado de igualdad de oportunidades y trenzar cada hebra del país en un proyecto compartido.

En los años setenta la Suprema Corte inició un gran experimento natural. Coincidió con la Unión Americana de Libertades Civiles en que la estrategia de vivienda pública de Chicago, que consistía en construir proyectos sólo en zonas con gran población minoritaria, equivalía a discriminación racial. Como respuesta a la decisión judicial, la Autoridad de Vivienda de Chicago dejó de construir vivienda pública por completo. En su lugar, distribuyó vales de vivienda entre 7 mil 500 familias afroamericanas, lo que permitió a muchas de ellas mudarse a barrios blancos con poca pobreza.

Más de una década después, un estudio encontró que a las familias que usaron sus vales para mudarse a los suburbios blancos con poca pobreza les fue mucho mejor que a las que se quedaron en los barrios negros segregados de la ciudad. La probabilidad de abandonar la escuela era cuatro veces menor entre los niños de las familias que se mudaron, y la probabilidad de ir a la universidad era el doble.

La experiencia de Chicago desató una ola de experimentos. El más notorio fue el programa Mudarse a las Oportunidades[2] que la primera administración de Bill Clinton inauguró a principios de los años noventa. Muchas familias pobres, primordialmente negras y latinas de Baltimore, Boston, Chicago, Los Ángeles y Nueva York

[2] El nombre del programa en inglés, Moving to Opportunity, también se puede leer como oportunidad de mudarse. [N. del T.]

197

recibieron vales para mudarse a mejores barrios. En 2015 un análisis cuidadoso reveló que la mudanza generó ganancias considerables.

Las evaluaciones, dirigidas por investigadores de Opportunity Insights de la Universidad de Harvard, descubrieron que los niños que se habían mudado a una mejor zona antes de cumplir 13 años tenían más probabilidad de ir a la universidad y de asistir a una institución de mayor calidad, comparado con quienes no se mudaron. De adultos ganaron más dinero y era menos probable que se convirtieran en padres solteros. En un estudio notable, Raj Chetty, Nathaniel Hendren y Lawrence Katz estimaron que cada año de vida de un niño en un mejor barrio mejoraba su desempeño de adulto.

En sus conclusiones reconocen que la movilidad es difícil en los enclaves segregados y empobrecidos. Cuando los niños crecen en barrios más integrados por ingresos y raza, les va mejor, sufren menos desigualdad y menos crimen violento, y tienen mejores escuelas y más hogares biparentales. El reto es saber cómo detener la división del país en enclaves de ricos y pobres, para evitar la segregación de sus espacios de vivienda en reservas para gente acomodada que las minorías nunca pueden alcanzar.

El medio más poderoso que conocemos, mediante el cual las comunidades integradas podrían mejorar la suerte de los estadounidenses marginados es, desde luego, la educación. Pero las escuelas se financian sobre todo de los impuestos de propiedad local que suelen ser más altos en los barrios más blancos y ricos, y se han convertido en un instrumento más entre las herramientas de la desigualdad. Llevar a los niños de color a las escuelas blancas acomodadas sería un poderoso contrapeso.

Consideremos el condado de Montgomery, justo afuera de Washington, D. C., en Maryland, uno de los más pudientes del país. Tiene una política de vivienda inclusiva que exige a las inmobiliarias construir casas de precio accesible. La autoridad de vivienda del condado compra muchas de ellas para rentarlas a familias de pocos ingresos. De acuerdo con un estudio comisionado por la Fundación Century, los niños pobres que asistían a escuelas con poca pobreza cerraron en gran medida la brecha de desempeño en matemáticas que existía entre ellos y sus pares más ricos. También encontró que vivir en un barrio mejor contribuyó al progreso del desempeño de los niños, y que la escuela mejor explicaba aproximadamente dos terceras partes de sus logros.

Dado el vasto poder de la educación para mejorar el destino de la gente, es difícil pensar en una decisión más importante que el fallo de la Suprema Corte en 1954 en *Brown vs. Junta de Educación de Topeka*, que abrió el sueño americano a los negros marginados y otras minorías.

Es posible que la prohibición directa de discriminación racial en las escuelas del sur decretada por la Corte no haya tenido en sí gran relevancia inmediata. Los distritos escolares del sur que antes habían discriminado por ley simplemente adoptaron planes de "libertad de elección" que ponían en las familias negras la carga de inscribir a sus hijos en escuelas de blancos, idea poco apetecible dada la hostilidad racial de ese entonces.

En 1971 la Corte subió la apuesta. En el caso de *Swann vs. Junta Educativa de Charlotte-Mecklenburg* falló por unanimidad que las escuelas públicas en Charlotte, Carolina del Norte, y el condado de Mecklenburg al que la ciudad pertenece, pudieran requerir que los alumnos fueran transportados en autobús a escuelas fuera de sus propios barrios, para lograr una matrícula racialmente equilibrada y la igualdad de oportunidades educativas para negros y blancos.

Pocos distritos escolares se desegregaron de buena gana. La mayoría no aplicó planes significativos de desegregación hasta que la orden de un tribunal o la amenaza de un litigio los obligó. De no haber sido por la NAACP —que a diestra y siniestra se puso a demandar a los sistemas escolares—, la desegregación habría quedado como un sueño atrofiado.

Al final, los resultados fueron impresionantes. En 1968 el 78% de los estudiantes afroamericanos del sur asistía a escuelas muy segregadas, con al menos 90% de alumnado minoritario; para 1972, sólo 25% estaba en escuelas segregadas, el porcentaje más bajo de todo el país.

Un año después, la Suprema Corte extendió la desegración escolar más allá del sur. En 1973, sobre el caso de *Keyes vs. Distrito Escolar No. 1*, en Denver, Colorado, falló contra la segregación *de facto* de los sistemas escolares del norte. Decidió que no brindar las mismas oportunidades educativas a todos los estudiantes, independientemente de su raza, color u origen, constituía una "acción estatal intencional" que violaba la cláusula de igualdad de protección de la Decimocuarta Enmienda.

Para mediados de los setenta cientos de distritos escolares estaban sujetos a planes de desegregación ordenados por los tribunales. Gary Orfield, experto en política educativa, señala que para 1980, más o menos un tercio de los estudiantes negros asistía a escuelas de *apartheid* con casi ningún estudiante blanco, aproximadamente la mitad del porcentaje de 1968.

La integración ingresó incluso en el noreste, donde enfrentó la resistencia más eficaz. La ciudad de Buffalo, en el norte del estado de Nueva York, hogar de una gran comunidad afroamericana que llegó en busca de empleos en la industria militar entre 1940 y 1970, no hizo casi nada para desegregar hasta que fue obligada. En 1971 el alumnado en 20 de sus 96 escuelas públicas era al menos 90% negro y en otras 20 era blanco en la misma proporción.

La NAACP la demandó. Enseguida, el plan de desegregación de Buffalo fue cerrar 10 escuelas y convertir las de barrios negros en escuelas "imán"[3] que también atrajeran a estudiantes blancos. Para 1981 más de 14 mil niños, casi 30% de la población escolar, era transportado a la escuela en autobús: los blancos a las escuelas en comunidades negras y los negros a las blancas. En 1985 el *New York Times* publicó un artículo en primera plana con el titular "La integración escolar en Buffalo aclamada como modelo para EUA". Los niños negros tuvieron su mayor oportunidad en décadas de alcanzar el sueño americano.

---

[3] En inglés, *magnet schools*, escuelas públicas con currícula o cursos especializados, que atraen y aceptan estudiantes a través de las fronteras normales de los distritos escolares. [N. del T.]

El economista Rucker Johnson observó los efectos de la desegregación siguiendo la vida de niños nacidos entre 1945 y 1968, muchos de ellos escolares durante la era que siguió al caso *Brown*.

Concluyó que los planes de desegregación implementados entre los años sesenta y ochenta decididamente mejoraron la calidad de las escuelas a las que asistían los negros, así como sus logros educativos. En comparación con los afroamericanos que tuvieron una educación segregada, los niños negros que iniciaron la primaria tras la desegregación obligada tuvieron, en promedio, 1.5 años más de educación, y una probablilidad 30% mayor de graduarse del bachillerato. Además, de adultos tuvieron mejores ingresos, por arriba de 30% más que quienes los precedieron, educados en tiempos de segregación. También tenían mejor salud y sufrían menores tasas de encarcelamiento. La probabilidad de caer en la cárcel en algún momento de su vida disminuyó 25 por ciento.

"¿Cuántas generaciones se requieren para revertir los males de la segregación?", pregunta Johnson en su libro *Children of the Dream*. "La evidencia recolectada en este libro —responde— dice que tan sólo una." Y por lo demás, el autor no detecta ningún impacto adverso en los blancos: la acusación de que la entrada de negros pobres a las escuelas de blancos prósperos erosionaría su calidad educativa resultó ser un engaño.

El siglo xx estadounidense está pavimentado de valiosos esfuerzos para romper la barrera del antagonismo racial y construir un país integrado: desde la Ley de Derechos Civiles a su hermana, la Guerra contra la Pobreza, desde la desegregación escolar a las victorias más modestas en Mount Laurel; un siglo de experimentos ha rendido un formidable arsenal de herramientas para construir una sociedad más incluyente.

Hace apenas una década David Rusk, experto veterano en política urbana, presentó una ponencia ante la Conferencia Nacional de Vivienda Incluyente. Señaló que casi 5% de la población de Estados Unidos vivía en comunidades con leyes de zonificación incluyente, que exigían incluir viviendas de ingresos mixtos en los nuevos desarrollos. Presentó un escenario hipotético para el periodo 1980-

2020: la construcción de casi 22 millones de hogares en las 100 zonas metropolitanas más grandes del país. Si todas hubieran estado sujetas a mandatos de uso de suelo incluyente, las constructoras habrían añadido 2.6 millones de hogares de precio accesible y habrían cubierto 40% de la necesidad de viviendas de ese rango. Si, como en el condado de Montgomery, las autoridades de vivienda hubieran comprado muchas de esas unidades para rentarlas a familias pobres, la segregación urbana por ingresos en esas zonas metropolitanas habría caído más de un tercio.

Incluso en Filadelfia, una ciudad en extremo segregada con altas concentraciones de pobreza, la segregación habría disminuido 19%. Las ciudades con menos gente pobre, como Las Vegas, se habrían integrado por completo. La integración socioeconómica contribuiría enormemente a terminar con la segregación racial.

Rusk argumentó que, en Denver, una política de zonificación incluyente a nivel metropolitano, combinada con políticas para lograr paridad económica entre las escuelas de sus 17 distritos escolares, reduciría la segregación por ingresos —en correlacion estrecha con la segregación racial y étnica— a niveles menores que los de las sociedades más igualitarias del mundo, como Holanda o Suecia.

El traslado masivo y cotidiano de chicos pobres de color a barrios de blancos ricos no va a suceder, a pesar de los resultados positivos del experimento Mudarse a las Oportunidades. No obstante, la evidencia acumulada de cómo los barrios integrados mejoran el futuro de los niños desfavorecidos ofrece un objetivo nítido para quienes diseñan políticas públicas para atacar la desigualdad arraigada.

Cientos de municipios han promulgado programas de uso de suelo incluyente, que dan incentivos a las inmobiliarias para que aparten viviendas para familias de bajos ingresos. Massachusetts, Texas, Nevada y Misisipi están reformulando créditos fiscales para brindar incentivos a las constructoras que desarrollen viviendas para familias de bajos ingresos en barrios con poca pobreza y muchas oportunidades. Inspiradas por los resultados de Mudarse a las Oportunidades, varias zonas metropolitanas grandes están averiguando maneras de usar vales de vivienda para alentar la mudanza de familias de ingresos bajos a mejores barrios.

El gobierno federal gasta 20 mil millones de dólares al año en el programa de Vales de Elección de Vivienda. De éstos, más de 80% se usa en barrios con pobreza moderada o alta. El 10% de esas familias vive en barrios con tasas de pobreza superiores a 40%. Las autoridades de vivienda, incluyendo las de Mineápolis, Seattle, Houston y el condado de Cook, en Illinois, están alentando la mudanza de los beneficiarios a zonas con poca pobreza. Entre otros apoyos, les brindan asesoramiento y les ayudan con los costos de mudanza; a los caseros de los barrios "buenos" les ofrecen incentivos para que acepten vales o inquilinos de bajos ingresos. El país tiene las políticas necesarias para construir una sociedad más integrada. La pregunta es: ¿las usaremos?

Como ya he señalado, los estadounidenses jóvenes están más familiarizados con personas de otras etnias y culturas. Se están casando a través de fronteras, tejiendo la integración en su estructura familiar. La creciente población de asiáticos e hispanos está transformando políticas raciales, que el amargo conflicto entre negros y blancos han determinado por tanto tiempo.

¿Lo llevaremos al final? ¿Lograremos superar la desconfianza étnica que ha estancado nuestro desarrollo como sociedad para construir un país solidario que funcione para blancos y negros, asiáticos y latinos, y trascender las divisiones raciales?

Para volvernos uno, un país con identidad nacional y cultural en común, debemos afrontar la arraigada lógica tribal con la que hemos organizado el mundo. Aun cuando, por cada paso hacia una sociedad cohesionada, pareciera que retrocedemos dos.

A pesar de la desegregación que se expandió a lo largo del país urbano desde los años setenta, a pesar de las crecientes cohortes de jóvenes de color, los matrimonios interraciales, los mútiples esfuerzos y experimentos para integrar a los estadounidenses más allá de la división racial, las probabilidades aún parecen más bien remotas. Como escuetamente lo dijo Daniel Lichter, la bibliografía empírica "nos da pocas garantías de que la creciente diversidad vaya a borrar las fronteras raciales".

La política racial podría incluso volverse aún más imponente conforme la población blanca disminuye y las minorías aumentan. De ocurrir, esto podría reconfigurar el mapa político de maneras preocupantes. El Estados Unidos rural —incondicionalmente conservador, económicamente estancado, abrumadoramente blanco— tendría posibilidad de mantener por largo tiempo el control del Senado, a pesar de su población en declive. Por contraste, en la Cámara prevalecería el país urbano más próspero y étnicamente diverso. Nuestra demografía nos va a condenar al estancamiento.

Tal vez los blancos puedan aprender a compartir espacios físicos y sociales y a interactuar con las minorías como iguales. O, de nuevo, tal vez, no. Quiza los negros y los latinos no lleguen a superar su recíproco recelo en tanto que compiten por recursos limitados. Las alianzas están en juego.

Un reporte de investigación de politólogos de Harvard, Stanford y el MIT sugiere que la llegada de 1.5 millones de afroamericanos del sur a las ciudades norteñas al principio del siglo XX ayudó a "blanquear" a los millones de inmigrantes europeos llegados desde 1850. Italianos, polacos y judíos, hasta entonces considerados racialmente ambiguos, pasaron a pertenecer a la hegemonía blanca.

Podría ser que también a los latinos y asiáticos se les invite a ser parte de la blanquitud, con lo que las identidades raciales se escindirían en negros y "no negros". O, como parece quererlo el presidente Trump, las líneas raciales de batalla se trazarían entre blancos y no blancos. La multitud de identidades étnicas en el país podrían dar lugar a un conflicto en muchos frentes. La integración es sólo una opción. Desde mi perspectiva, no es la más probable.

Volvamos a los intentos por desegregar las escuelas del país. A 60 años del caso *Brown*, se podría esperar que las escuelas estuvieran más bien integradas; sin embargo, se han vuelto a segregar. Orfield encontró, entre otros datos, que el porcentaje de estudiantes negros que asistían a escuelas predominantemente minoritarias aumentó de 63% en 1988 a 73% en 2005. En el sur, menos de una cuarta parte de los niños negros va a escuelas en las que por lo menos la mitad de los estudiantes sean blancos. Más o menos la mitad del porcentaje de 1989, y aproximadamente el mismo que en 1968.

La llegada de los inmigrantes hispanos y sus hijos contribuyó al aumento de la segregación escolar. La exposición de los alumnos negros a los blancos se redujo, en parte porque disminuyó la proporción de blancos en el país. Además, la huida de las familias blancas a los suburbios creó una brecha entre distritos escolares blancos y de minorías, incluso cuando al interior de cada distrito declinaba la segregación.

Lo más desalentador de la finalmente fallida campaña para integrar la educación pública es que, a pesar de sus primeros éxitos, el país dejó de intentarlo. Entre 1990 y 2010, cientos de distritos obligados por orden judicial a establecer planes de desegregación fueron liberados de la supervisión de la Corte. La Suprema Corte perdió su celo integracionista.

En el caso *Distrito Escolar Independiente de San Antonio vs. Rodríguez*, de 1973, la Corte dictaminó que las grandes disparidades en financiamiento entre distritos —algunos predominantemente minoritarios recaudaban por alumno menos de 7% de lo que recolectaban escuelas cercanas predominantemente blancas— no violaba la cláusula de protección igualitaria de la Decimocuarta Enmienda.

Un año después, en *Milliken vs. Bradley* dictaminó por cinco votos contra cuatro que Detroit no tenía que transportar a sus estudiantes en autobús a través de las fronteras de sus 53 distritos, para mitigar la segregación entre ellos. Si las fronteras distritales no se habían trazado con intención racista, los distritos escolares no tenían que integrarse entre sí.

"En la educación pública no hay tradición más arraigada que el control local de la operación de las escuelas", escribió el presidente de la Corte Warren E. Burger para la mayoría. Desde la postura opuesta el juez Thurgood Marshall planteó su agudo disenso: "En el corto plazo, puede parecer una vía más fácil permitir que nuestras grandes zonas metropolitanas se dividan en dos ciudades —una blanca y otra negra—, pero es una vía, puedo predecirlo, de la que en última instancia nuestra gente se va a arrepentir".

En 2007, en *Padres Involucrados en Colleges Comunitarios vs. Distrito Escolar No. 1 de Seattle*, la Corte prohibió que se usara la raza para determinar la asignación de alumnos en escuelas locales, dificultando aún más que los distritos se desegregaran voluntariamente. Así es como se pulverizó una de las políticas más poderosas y prometedoras para extender la prosperidad a través de las fronteras raciales.

En la década posterior al caso *Brown*, las escuelas consistentemente se integraron más que los barrios donde se ubicaban. Pero el patrón se revirtió conforme se eliminaban los mandatos de desegregación. La orden de desegregación en Buffalo, por ejemplo, terminó en 1995. Para 2010 el 44% de los estudiantes negros de la ciudad iba a escuelas con al menos 90% de alumnos de color, cinco veces más que en 1989. En un informe para el Proyecto de Derechos Civiles, John Kucsera y Gary Orfield señalaron que en 2010 el estudiante negro típico de Buffalo asistía a una escuela en la que 73% de los alumnos era pobre, más del doble de la tasa de pobreza que en la típica escuela blanca.

La última moda en educación para las comunidades pudientes es separarse de los distritos escolares donde sus hijos comparten con niños pobres de minorías al otro lado de la carretera. No todas lo logran. A principios de 2018 una corte federal de apelaciones rechazó los esfuerzos de Gardendale, suburbio de Birmingham, Alabama, donde 78% de la población es blanca y la tasa de pobreza es de 7%, para separarse del distrito escolar del condado de Jefferson, con 55% del alumnado no blanco y 22% pobre. El panel de tres jueces dictaminó que los esfuerzos de Gardendale tenían como objetivo evitar que los niños negros pobres fueran en autobús a sus escuelas.

Fallos como éste son raros. Según un informe de EdBuild, grupo que aboga por el financiamiento equitativo para las escuelas públicas, entre principios del siglo y 2019, 128 comunidades han intentado separarse de sus distritos. Setenta y tres lo lograron. Y las brechas de financiamiento entre las escuelas blancas y no blancas persisten. EdBuild estima que los distritos escolares con mayoría de estudiantes de minorías obtienen 23 mil millones de dólares menos que los predominantemente blancos. En Illinois, según un estudio del Education Trust en el año escolar de 2015, los distritos escolares con los porcentajes más altos de estudiantes de color se deben arreglar con recursos inferiores por aproximadamente 18% —2 mil 573 dólares por alumno— a los de los que atienden a las proporciones más pequeñas de minorías. En Texas y Nueva York, el déficit ronda el 10 por ciento.

Treinta estados tienen políticas explícitas para permitir la división de los distritos escolares. Sólo seis requieren que se considere el impacto de la separación en la diversidad económica y racial o la igualdad de oportunidades para distintos grupos de estudiantes. En 21 estados no hay disposición alguna que impida a las comunidades separarse para acordonar su riqueza. Sólo cuatro requieren voto mayoritario de aprobación emitido por los miembros de la comunidad a la que están abandonando.

Más típico que el caso de Gardendale es lo ocurrido en el cerrado conjunto de suburbios predominantemente blancos del condado de Shelby, Tennessee, que presionaron para convertirse en distritos escolares independientes para evitar compartir sus ingresos fiscales con las escuelas abrumadoramente negras de Memphis, la sede del condado.

Luego de que un juez falló contra el plan de secesión, la legislatura de Tennessee simplemente enmendó la ley estatal para permitirlo. De acuerdo con EdBuild, 67% de la población de los distritos resultantes es blanca, y sólo 11% es pobre. En el distrito que abandonaron, 8% de la población es blanca, y poco más de un tercio de los estudiantes vive por debajo del umbral de pobreza.

Esto tiene un precio. En su sistematización de las gananacias económicas y sociales de la integración escolar, Rucker Johnson calculó los costos de abandonar esa meta. Encontró que un aumento de 15% en la segregación escolar durante seis de 12 años de educación pública reducía por un cuatrimestre los logros educativos de un niño negro, recortaba su probabilidad de ir a la universidad 7% y disminuía en 7% su salario de adulto. Entre tanto, un niño blanco no expuesto a niños minoritarios en la escuela tendría mayor probabilidad de tener sólo amigos blancos, de vivir de adulto en un barrio exclusivamente blanco y de volverse conservador.

La verdad innegable es que los blancos prefieren no compartir los frutos de sus privilegios. Es, incluso, una verdad banal. Parece insensato poner nuestra esperanza en alguna hipótesis de que vivir cerca ayuda a que las personas desarrollen relaciones interraciales más armónicas. También lo parece creer que los jóvenes, educados en escuelas donde las minorías pobres están sentadas junto a otras minorías pobres, donde los blancos nunca se asoman al otro lado del muro racial, estarán ansiosos por construir un país integrado que supere la división racial.

Un estudio reciente de investigadores de la Universidad Tufts y financiado por la Fundación Russell Sage concluyó que, entre los blancos, los *millennials* quizá sean un poco más liberales que las generaciones anteriores, pero su opinión de la raza es más cercana a la de sus mayores que a lo que piensan sus congéneres de color. Difícilmente "son inmunes al poder de la raza para moldear sus actitudes".

Basados en dos encuestas nacionales en 2012 y 2016, descubrieron que apenas una cuarta parte de los *millennials* blancos coincidía con la afirmación de que los blancos en Estados Unidos tienen ciertas ventajas gracias al color de su piel, 20% menos que las personas de color, de cualquier edad. Entre ellos, menos de uno de cada 10 apoya decididamente los programas de acción afirmativa, en tanto que cerca de uno de cada tres se opone con firmeza: el reverso exacto del patrón observado entre los encuestados minoritarios.

Lo anterior concuerda con los resultados de otros estudios. Encuestas del proyecto GenForward de la Universidad de Chicago revelan que casi la mitad de los *millennials* blancos cree que la discriminación contra la gente blanca se ha vuelto un problema tan grande como el que existe contra los negros y otras minorías, opinión sólo compartida por la cuarta parte de hispanos, asiáticos y afroamericanos.

En su estudio sobre estudiantes blancos en el último año de bachillerato entre 1976 y 2000, los sociólogos Tyrone Forman y Amanda Lewis encontraron que las cohortes más recientes tendían más a expresar que no les incumbía que las minorías recibieran un trato injusto.

Las investigadoras Deborah J. Schildkraut y Satia A. Marotta señalaron que ese hallazgo pone en duda la percepción popular de que "los estadounidenses jóvenes traerán consigo una era de mayor armonía racial". Sostienen que "conforme la población se vuelve cada vez más diversa, los blancos reaccionan cerrando filas, consolidando su identidad como blancos, que así se convierte en una influencia aún más prominente sobre sus creencias políticas".

En efecto, los blancos jóvenes son tan proclives como sus mayores a adoptar posturas conservadoras cuando confrontan el hecho de que su grupo étnico, entendido en su definición estrecha, será minoría dentro de un cuarto de siglo. La pregunta es: ¿qué pasa si resulta que los *millennials* no están más dispuestos a extender los beneficios de la ciudadanía a todas las razas? Ante una diversidad étnica creciente, los jóvenes podrían plantarse en la afirmación de que cada estadounidense debe valerse por sí solo.

"¿Deberíamos, en cambio, poner nuestras esperanzas de mayor unidad racial en la generación subsecuente, que va a ser aún más diversa?", preguntaron Marotta y Schildkraut. El problema es la probabilidad de que para cuando lleguemos a la generación *Z*, las pocas victorias que hemos logrado en busca de un destino compartido ya se hayan revertido.

Ya empiezan a escabullirse. La desegregación de los barrios sigue siendo tarea inacabada. Aunque se haya prohibido la segregación racial abierta, en las ciudades más grandes y productivas del país se está dando una intensa segregación por ingresos, impulsada por la gentrificación acelerada que está expulsando a las comunidades de color de bajos ingresos a lugares cada vez más lejanos.

Como señalaron las economistas Veronica Guerrieri y Alessandra Fogli en un estudio reciente, ese patrón de segregación residencial está exacerbando la desigualdad de ingresos. Los nuevos residentes ricos y mayormente blancos que arriban a comunidades que hasta hace poco eran de color y pobres, tal vez paguen más impuestos para financiar mejores escuelas. Pero también expulsan de su lugar a los antiguos residentes pobres que ya no pueden pagar la renta. La segregación residencial añade una capa más a la desigualdad de ingresos, y un obstáculo adicional a la posibilidad de que las comunidades urbanas de bajos ingresos, usualmente conformadas por personas de color, salgan adelante. Guerrieri y Fogli titularon su artículo "¿El fin del sueño americano?"

Sin duda existen muchos más barrios "compartidos" en el país, donde considerables poblaciones blancas coexisten con grupos minoritarios. Pero la línea entre blancos y negros parece tan irresoluble como siempre. En 1990 el residente negro promedio vivía en un barrio donde sólo 34% de la población era blanca. Veinte años después la proporción en el barrio es de 35%. Mientras tanto, el blanco promedio vive en uno donde sólo 8% de sus vecinos son negros, tres puntos porcentuales más que en 1980.

Los blancos se siguen resistiendo a la integración residencial. Según un estudio del Centro Conjunto de Estudios de Vivienda de Harvard, para el periodo comprendido entre 2011 y 2015, 3 mil 764 barrios que estaban integrados en el año 2000, con proporciones significativas de habitantes blancos y minoritarios, se habían vuelto a segregar. En 2 mil 627 la motivación fue que muchos blancos se habían mudado y su parte entre la población había disminuido por debajo de 20 por ciento.

Mientras tanto, el crecimiento de la población hispana está volviendo a segregar muchas zonas metropolitanas. De los barrios que se consideraban integrados en el año 2000, el 43% fueron destinos hispanos entre 2011 y 2015.

Así como la segregación entre distritos escolares se disparó cuando cada uno se vio forzado a integrarse, la creciente integración residencial dentro de las ciudades parece estar impulsando la segregación entre ellas. El momento actual de diversidad barrial empieza a semejarse a un fenómeno temporal de transición entre dos estados homogéneos. Pareciera que el país se convierte en uno igual de intensamente segregado, pero a mayor escala, con fronteras distintas. En vez de escoger entre barrios blancos y negros, debemos hacerlo entre ciudades segregadas.

No puedo imaginar como podría surgir en este país una solidaridad que rompiera barreras raciales. El aislamiento racial blanco es el tipo de configuración que produce a un personaje divisivo como Donald Trump. El aislamiento de los negros alimentará los añejos prejuicios que han estancado el desarrollo de un Estado implicado en el bienestar para todos.

Ninguna de estas opciones conduce a un país que pueda establecer un gobierno que apoye a todos sus ciudadanos.

Reconocimientos

Por años he batallado con mi identidad estadounidense. No tengo duda de que, como mi padre, lo soy, igual que soy mexicano como mi madre. Pero aunque nací y viví mis primeros seis años en Estados Unidos, desde hace mucho me cuesta trabajo definirme como parte de él. A diferencia de muchos de mis conciudadanos, creo que en pos de sus intereses este país ha hecho un daño indecible a multitudes de personas sin poder en el mundo entero.

El bachillerato me hizo mexicano. Fue donde construí mi primera noción estable de pertenencia. Sucedió en México, en un contexto que se inclinaba decididamente hacia el lado izquierdo de la Guerra Fría. Me eduqué entre hijos de exiliados, expulsados de países de toda Latinoamérica por regímenes militares de derecha apoyados por Estados Unidos.

En la secundaria celebramos la derrota de Estados Unidos en Vietnam, esa historia ejemplar de un pequeño país defendiendo su independencia contra la nación más poderosa del mundo. Protestamos contra el apoyo estadounidense al régimen genocida de Augusto Pinochet en Chile. Marchamos contra la invasión estadounidense de Granada, su intromisión asesina en El Salvador y su inane bloqueo a la Cuba de Fidel Castro. En 1979, a mis 16 años, visité Managua para celebrar el triunfo de la revolución sandinista.

Sin embargo, a pesar de mi desprecio por las muchas intervenciones estadounidenses en otros países, también admiraba mucho lo que este país había construido en casa. Creciendo entre las evidentes desigualdades de México —mal veladas con consignas sobre los de-

213

rechos del pueblo—, no podía sino aceptar que el contrato social de Estados Unidos era mejor. De hecho, parecía superior a cualquiera que hubiera visto en el mundo. Estados Unidos podría ser un matón paranoico, pero a diferencia de los demás países que conocía, de alguna manera había logrado ofrecer a la gente común y corriente una oportunidad real de prosperidad. Yo lo entendía de cerca. Mis abuelos eran parte de esa gente.

Luego, a finales de los años noventa, regresé a vivir aquí.

Hoy soy menos crítico de la política exterior estadounidense. Ahora sé que la Unión Soviética era un matón igual de abusivo. Ahora entiendo que la Guerra Fría no se libró entre dos visiones distintas del mundo. Como cualquier otra guerra, la motivó la competencia por el poder. Acepto que su bando izquierdo también incluía represión genocida. Sigo creyendo que la derrota de Vietnam fue positiva, porque moderó los excesos imperialistas de Estados Unidos. Pero he superado mi reflejo maniqueo de entender el mundo como si estuviera claramente dividido entre buenos y malos.

También he perdido mi admiración. A lo largo de los últimos 20 años vividos en Estados Unidos mi aprecio por su contrato social ha quedado desplazado por una insistente y frustrante pregunta que se niega a desaparecer: ¿Cómo es que un país tan rico maltrata tanto a su gente? Los políticos estadounidenses se enorgullecen de ignorar a sus conciudadanos. Se mofan de la precariedad como si fuera justa, una retribución por la pereza y otros defectos. Y los votantes desfavorecidos los eligen y los vuelven a elegir, una y otra vez.

Ahora entiendo que mis abuelos vivieron la excepción, no la regla. Consiguieron su prosperidad a través de una estrecha ventana de oportunidad: en el marco de unas pocas décadas posteriores a la Segunda Guerra Mundial. La pregunta que me he estado haciendo, y de la que salió este libro, es ¿por qué se cerró esa ventana si quedaban tantos estadounidenses fuera? Justo cuando me daba cuenta de que los soviéticos no eran los chicos buenos, también me percaté de que, en los hechos, el contrato social excepcional de Estados Unidos jamás había sido para todos.

Este sinuoso preámbulo quiere reconocer al Centro Activo Freire como personaje principal en mi historia. Este bachillerato pequeño e inortodoxo en la Ciudad de México, en tensión entre su compromiso con el pensamiento crítico y su aceptación acrítica de los dogmas de la corriente izquierda de la Guerra Fría, fue el primero en advertirme de las contradicciones de Estados Unidos. El CAF, como le decíamos, me retó a explorar en qué tenía razón Estados Unidos —así sólo fuera para enfrentar la inclemente ortodoxia antiyanqui de la escuela—, y en qué de ninguna manera la tenía.

En los muchos años desde entonces, muchas otras personas han contribuido a mi comprensión del enigma estadounidense. Debo agradecer a mis editores del *Wall Street Journal* —sobre todo a Jonathan Friedland, mi jefe en Los Ángeles—, quienes me dieron una oportunidad de oro para explorar cómo los hispanos interactúan, no siempre felizmente, con las demás comunidades del país. En el *New York Times* —esta vasta universidad— aprendí de muchos maestros: de Tom Redburn, mi editor cascarrabias y erudito, con su ojo crítico que invariablemente mejoró mi escritura; de David Leonhardt, mi talentoso colega, cuyo don para transformar las ideas más complejas en la más clara escritura nunca dejé de admirar; de Larry Ingrassia, quien me invitó a escribir la columna de economía hace tantos años, con lo que prácticamente me dio carta blanca para explorar el mundo. Sobre todo, debo agradecer a todos los economistas y sociólogos, psicólogos e historiadores que me dieron su tiempo tan generosamente durante estos años. Al guiarme con paciencia por sus investigaciones, me dieron la mejor educación que podría haber deseado. Todas las ideas en este libro dependen de su trabajo.

Me gustaría creer que *El precio del racismo* me llegó, que sólo necesitaba escribirlo. Pero por honda que sea mi frustración con el fracturado contrato social, nunca habría dado con la idea de no ser por otras personas. Zoë Pagnamenta, mi agente y querida amiga, de alguna manera siempre ha creído que hay libros en mí que valen la pena ser escritos. Su aliento paciente y de voz suave a lo largo de las muchas reiteraciones de mi pensamiento fue esencial para que este libro naciera. También lo fueron las observaciones de mi amiga Cressida Leyshon, una de las editoras más agudas que he conocido. El *New Yorker* tiene suerte de tenerla. Cressida me ayudó a pensar cómo mi idea original sobre las fallas de Estados Unidos podría entenderse mejor en el contexto del proceso histórico que nos hizo lo que somos. También debo agradecer a algunas personas al otro lado del camino. Sheldon Danziger, de la Russell Sage Foundation, me brindó un respaldo intelectual invaluable desde su conocimiento ilimitado de la bibliografía académica, para señalarme lagunas en mi comprensión de la investigación. Margaret Simms, del Urban Institute, me hizo comentarios invaluables, desplegando con generosidad su profunda comprensión de las intersecciones entre raza, pobreza y desigualdad para mejorar mi interpretación del contrato social estadounidense. Hilary McClellen, quien verificó los datos del manuscrito, me salvó del bochorno incontables veces. Agradezco su mirada cuidadosa.

Por supuesto, debo agradecer a Jonathan Segal, mi editor en Knopf, quien me acompañó durante todo el trayecto, ofreciéndome consejo y apoyo a cada paso. Jon y yo llevamos años comiendo juntos, compartiendo anécdotas, rebotando ideas. Me ayudó a dirigirlas desde la crítica todavía incipiente de las políticas sociales de Estados Unidos, a una condena específica de los puntales raciales de nuestro tortuoso Estado de bienestar. En cuanto terminé el manuscrito, se dedicó a afinar las partes más débiles y a esclarecer los rincones más brumosos de mi pensamiento. Lo hizo en papel, con un lápiz; ajeno a las astucias del Word de Microsoft.

Sobre todo debo agradecer a mi familia. Mi madre, Male, una fuente desbordante de inspiración, me enseñó a ser humilde y a desafiar los límites de lo que sé. Snigdha, mi pareja, me propuso que la risa fuera lo que mediara mi relación con el mundo. Se ha esforzado mucho por enseñarme a ser alegre. Mateo, mi hijo, y Uma, mi niña, me recuerdan todos los días el gozo pleno que es vivir. Emiten el tipo de luz cegadora que sólo obtenemos de nuestros seres queridos. Pasé por momentos oscuros mientras escribí esto. Uma, Mateo, Snigdha y mi madre me ayudaron a superarlos.

STRANGER
El desafío de un inmigrante latino en la era de Trump
de Jorge Ramos

Jorge Ramos, periodista galardonado con premios Emmy, reconocido presentador del *Noticiero Univision* y considerado "la voz de los sin voz" de la comunidad latina, fue expulsado de una rueda de prensa del candidato presidencial Donald Trump en Iowa en el año 2015 tras cuestionar sus planes sobre inmigración. En este manifiesto personal, Ramos explora qué significa ser un inmigrante latino, o simplemente un inmigrante, en los Estados Unidos de nuestros días. Mediante datos y estadísticas, su olfato para encontrar historias y su propia memoria personal, Ramos explora las razones por las que él y muchos otros inmigrantes aún se sienten como *strangers* en este país.

Ciencias Políticas

LA LÍNEA SE CONVIERTE EN RÍO
Una crónica de la frontera
de Francisco Cantú

Atormentado por el paisaje de su juventud, Cantú se alista en la Patrulla Fronteriza. Él y sus compañeros son enviados a regiones remotas atravesadas por rutas de contrabando de drogas y tráfico de personas, donde aprenden a rastrear a otros humanos, arrastrando muertos y entregando a los vivos. Acosado por pesadillas, Cantú abandona la Patrulla por la vida civil. Pero cuando un amigo inmigrante viaja a México para visitar a su madre y no regresa, Cantú descubre que la frontera migró con él, y esta vez tiene que conocer toda la historia. Intenso e inolvidable, *La línea se convierte en río* hace que sintamos la violencia de ambos lados de nuestra frontera como algo inmediato y personal.

Biografía

PROHIBIDO NACER

Memorias de racismo, rabia y risa

de Trevor Noah

La impresionante trayectoria de Trevor Noah, desde su infancia en Sudáfrica durante el *apartheid* hasta el escritorio de *The Daily Show*, comenzó con un acto criminal: su nacimiento. Trevor nació de un padre suizo blanco y una madre Xhosa negra, en una época de la historia sudafricana en que tal unión era castigada con cinco años de prisión. Como prueba viviente de la indiscreción de sus padres, Trevor permaneció los primeros años de su vida bajo el estricto resguardo de su madre, quien se veía obligada a tomar medidas extremas —y, a veces, absurdas— para ocultar a Trevor de un gobierno que podría, en cualquier momento, llevárselo. *Prohibido nacer* es la historia de un niño travieso que se convierte en un joven inquieto mientras lucha por encontrarse a sí mismo en un mundo en el que no se suponía que existiera. También es la historia de la relación de ese joven con su intrépida, rebelde y ferviente madre religiosa: su compañera de equipo, una mujer decidida a salvar a su hijo del ciclo de pobreza, violencia y abuso que en última instancia amenazaría su propia vida.

Biografía

VINTAGE ESPAÑOL

Disponibles en su librería favorita

www.vintageespanol.com

CÓMO SER ANTIRRACISTA

IBRAM X. KENDI

El antirracismo es un concepto transformador que reorienta y revitaliza la conversación sobre el racismo y, más importante aún, nos señala nuevas formas de pensar sobre nosotros mismos y los que nos rodean. *Cómo ser antirracista* es una obra imprescindible para todo aquel que desee ir más allá del simple reconocimiento de la existencia del racismo y contribuir a la formación de una sociedad verdaderamente justa y equitativa.

"El libro más audaz hasta la fecha sobre el problema de la raza en la mente occidental".
—*The New York Times*